자본주의 위기의 시대

왜 혁명인가

책갈피

국립중앙도서관 출판예정도서목록(CIP)

자본주의 위기의 시대 왜 혁명인가 / 지은이: 조셉 추나라,
찰리 킴버 ; 옮긴이: 정종수. ― 서울 : 책갈피, 2015
    p. ;   cm

원표제: Arguments for revolution : the case for the soci
alist workers party
원저자명: Joseph Choonara, Charlie Kimber
영어 원작을 한국어로 번역
ISBN 978-89-7966-110-1 03300 ; ₩5500

마르크스 주의[--主義]
사회 주의[社會主義]

320.17-KDC6
335.4-DDC23   CIP2015002882

자본주의 위기의 시대
왜 혁명인가

조셉 추나라, 찰리 킴버 지음 | 정종수 옮김

Arguments For Revolution: The Case for the Socialist Workers Party
Joseph Choonara and Charlie Kimber

First published in January 2011 by the Socialist Workers Party
Reprinted January 2012
ⓒ Socialist Workers Party

Korean translation edition ⓒ 2015 by Chaekgalpi Publishing Co.
Socialist Workers Party와 협약에 따라 이 책의 한국어 판권은 책갈
피 출판사에 있습니다.

자본주의 위기의 시대 왜 혁명인가

지은이 | 조셉 추나라, 찰리 킴버
옮긴이 | 정종수
펴낸곳 | 도서출판 책갈피

등록 | 1992년 2월 14일(제2014-000019호)
주소 | 서울 성동구 무학봉15길 12 2층
전화 | 02) 2265-6354
팩스 | 02) 2265-6395
이메일 | bookmarx@naver.com
홈페이지 | http://chaekgalpi.com

첫 번째 찍은 날 2015년 2월 5일

값 5,500원

ISBN 978-89-7966-110-1
잘못된 책은 바꿔 드립니다.

차례

일러두기

1. 이 책은 Joseph Choonara and Charlie Kimber, *Arguments For Revolution: The Case for the Socialist Workers Party*(Socialist Workers Party, 2011)를 번역한 것이다.

2. 인명과 지명 등의 외래어는 최대한 외래어 표기법에 맞춰 표기했다.

3. 《 》부호는 책과 잡지를 나타내고 〈 〉부호는 신문, 주간지를 나타 낸다. 논문은 " "로 나타냈다.

4. 본문에서 [ ]는 옮긴이가 독자의 이해를 돕거나 문맥을 매끄럽게 하 려 덧붙인 것이고, 지은이가 인용문에서 덧붙인 것은 [― 지은이] 라고 표기했다.

5. 본문의 각주는 옮긴이가 넣은 것이다.

6. 원문에서 이탤릭체로 강조한 부분은 고딕체로 나타냈다.

01

자본의 야만성

우리가 사는 세상은 엄청난 번영을 누리며 과거에는 상상도 못 했을 부를 쌓고 있다. 인류가 지난 두 세기 동안 발전시킨 생산력은 불가능을 가능으로 만들었다. 오늘날 무역·통신·산업망은 전 세계로 뻗어 나가고, 세계는 하나의 지구촌이 되고, 자본의 손길은 구석구석 미치지 않은 곳이 없다. 과학은 원자를 쪼개고, DNA의 비밀을 캐고, 머나먼 별과 은하를 탐색한다. 의약품, 현대식 위생 체계, 식량 생산 개선 덕분에 전염병과 기아를 없앨 조건이 마련됐다. 기계와 현대 기술공학의 발전으로 고되고 반복적이고 단조로운 노동도 없앨 수 있게 됐다.

그런데도 우리는 다수의 굶주림과 소수의 탐욕이

공존하는 세상에 산다. 질병에 걸린 많은 사람이 의학의 한계 때문이 아니라 치료비가 없어서 죽는다. 깊게 패인 빈곤의 웅덩이들이 자그마한 풍요의 섬들보다 월등히 많다. 기술 발전은 모든 이의 삶을 편하게 만드는 것이 아니라 일부는 일자리를 잃게 만들고 남은 사람들은 더 강도 높은 노동을 하게끔 만든다. 많은 사람이 전쟁, 독재, 억압에 시달린다. 어디서나 사람들은 불만에 차 있고 불행하지만, 하루하루 먹고살아야 하므로 더 오래 더 힘들게 일할 수밖에 없다.

우리가 살고 있는 체제(자본주의)는 모순에 찬 체제다. 이런 모순들은 경제 위기가 터질 때 가장 적나라하게 드러난다. 모든 일이 잘 돌아갈 때면 체제의 논리에 의문을 품지 말라고, 자본주의야말로 최상의 체제고 인간 본성에 맞는 체제라고, 이 체제는 자애로운 균형을 이루고 있으므로 소수가 축적한 부가 언젠가는 다수에게도 흘러넘칠 것이라고들 한다. 우리는 그저 잠자코 체제 논리에 복종하면 된다. 슬기롭고 부지런한 사람은 보상받을 것이고, 우둔하고 게으른 자는 벌받을 것이다. 바꿔 말해 시장 법칙과 자유기업 체제에 순응하면 만사형통이다.

그러나 일이 잘 안 돌아가기 시작하면 "우리는 모두 한 배를 탔다"고,* 경제를 살리기 위해 함께 허리띠를 졸라매야 한다고 말한다. 막대한 돈을 부자와 권력자한테 쏟아붓는다(이들이야말로 내내 가장 멍청하고 게으른 자들이었음이 드러났는데도 말이다). 체제를 다스리는 자들, 수없이 많은 사람의 고통 따위 전혀 개의치 않는 자들이 갑작스레 행동에 나선다. 2008년에 각국 정부는 금융기관들이 망하지 않게 하려고 자금지원, 신규대출, 지급보증 형태로 8조 4240억 달러[1경 원]를 썼다. 옥스팜에 따르면 하루 생활비가 1.25달러[1378원] 미만인 14억 명을 가난에서 구제하는 데 매년 1730억 달러[191조 원]만 있으면 된다. 바꿔 말해 2008년에 들인 돈을 바로 이런 사람들한테 직접 지원했으면 지구 상에서 50년간 극빈 상태를 없앨 수 있었다.

이런 방식으로 물음을 던지면, 다시 말해 "은행한테 돈을 줄 것인가, 반세기 동안 세계의 빈곤을 없앨 것인가?" 하고 묻는다면, 대부분의 사람들은 적어도 체

---

* 영국 총리 데이비드 캐머런이 한 말로 2010년 보수당의 선거 슬로건이었다.

제의 우선순위가 엉망이라는 데 동의할 것이다. 그러나 그렇게 묻는 법은 없다. 그 대신 이 체제를 자연스런 것으로 여긴다. 정권은 계속해서 바뀌고 시간이 지나면 유행과 기호도 바뀌지만 자본주의의 기본 특성은 바뀌지 않고 바꿀 수도 없으며 영원하다.

체제의 유래

사실, 자본주의는 영구불변함과 거리가 멀다. 자본주의가 하나의 체제로 등장한 것은 불과 수백 년 전이다. 과거에 사람들은 대개 농업에 기반한 사회에 살았고, 그 사회의 상업과 수공업 수준은 제한적이었다. 그런 사회의 주민 다수는 농민으로 흔히 토지에 매여 일하며 그 토지를 소유한 극소수의 지배를 받았다. 그리고 이 극소수 지배계급은 자신의 지배를 보호하고자 폭력을 독점했다. 농민은 자기 땅뙈기에서 식량을 생산하고 그중 일부를 지배자한테 바치거나, 노동시간을 나눠 일정 시간은 자기 땅에서 일하고 나머지 시간은 지배자의 토지에서 일해야 했다. 이런 사회에서 사람들은 불평등, 고통, 빈곤에 시달렸지만, 그것은 생산이 불충분한 탓이었다. 기상 악화나 병충해로 흉작이 들 경우 어떻게 해 볼 도리가 없었다.

16세기에 북유럽에서 처음 발전한 자본주의 덕분에 이런 조건을 극복했다. 자본주의는 토지를 강탈하고 농민을 수탈하거나 다른 사회를 약탈해서 부를 있는 대로 그러모았다. 땅을 잃은 농민은 자신의 노동능력을 파는 것 말고는 할 게 없었다. 초기 자본가들은 이런 무토지 노동자들을 매뉴팩처에 모아들였고 이후 산업혁명기에는 공장에 모아 일을 시켰다. 노동자들은 풍력과 수력, 나중에는 증기로 움직이는 첨단 기계를 사용해 일했다. 생산의 집중으로 노동자들은 커다란 집단을 이뤄 일했고, 초기 거대 공업 도시들에 사람들이 어마어마하게 모여들었다.

이런 체제를 주도한 신흥 자본가계급은 여전히 토지를 통치 기반으로 삼은 낡은 귀족계급과 정치적으로 충돌했다. 이런 대립은 혁명으로 발전했다. 16세기에 지금의 네덜란드에서 최초의 혁명이 일어났고, 17세기에 영국 혁명, 18세기에 프랑스 대혁명이 일어났다. 자본가들과 그 대변인들은 신분적·종교적 위계질서에 기초해 권력을 유지한 구 지배층을 몰아내려고 '자유, 평등, 우애' 같은 구호를 내걸어 민중을 자기 주위에 결집했다. 이런 거대한 혁명 투쟁 과정에서 사회를 어떻게 조직할지를 다룬 새로운 사상들도 조명받았다. 영국 혁명 때의 수평파와 디거파, 프랑스 혁명 때의 '상퀼로트' 같은 운동들이 바로 더 공정하고 평등한 사회를 바란 가장 급진적인 목소리들이었다. 그러나 새로운 소수 지배층은 목표를 달성하고 나자 자기 밑에서 노동하는 노동자들을 밟고 올라서서 자신의 지배를 확립하기 시작했다.

이런 과정을 거쳐 탄생한 자본주의 체제는 역사상 가장 역동적이면서도 가장 파괴적인 체제였다.

일터에서는 독재, 시장에서는 무정부주의

자본주의는 두 가지 근본적 분열에 기대어 유지된다. 첫째는 일하는 사람과 그들을 착취하는 사람 사이의 분열이다. 소수가 생산수단(공장, 사무실, 기계, 기타 설비)을 지배·통제하기 때문에 다수는 '임금노동자'가 돼 자본가한테 일자리를 구해야 한다. 자본주의 이전에는 착취가 뚜렷하고 분명했다("이만큼이 나와 가족을 위한 몫이고, 이만큼은 성의 영주한테 보낼 몫이군"). 그러나 지금 체제에서 착취는 임금 명세서만으론 알 수 없다. 노동자가 생산한 부와 노동자가 받는 것 사이의 관계가 곧바로 분명하게 드러나지 않는다. 그래도 착취는 현실이다. 노동자가 임금으로 집에 가져가는 것보다 더 많은 부를 생산하지 않으면, 자본가는 이윤을 남길 수 없다. 카를 마르크스가 《자본론》에서 보여 준 것이 바로 체제에서 발생하는 이윤은 모두 노동자가 생산한 가치와 그 노동자가 다음 날 일터로 돌아오도록 자본가가 지급해야만 하는 가치 사이의 차이에서 생긴다는 것이었다.

과거 사회에서는 착취가 제한적이었다. 농민과 영주가 직접 소비할 것과 그날그날 시장에 팔 것을 거둔 뒤에는 억지로 더 일할 이유가 없었다. 자본주의는 그런 한계가 없다. 이는 자본주의 체제를 특징짓는 중요한 둘째 분열 때문이다.

자본가들은 노동자들을 쥐어짜야 할 뿐 아니라, 서로 물어뜯으며 싸우기도 한다. 자본주의에서는 곧바로 사용하려고 생산하는 경우는 거의 없고, 대부분 시장에 판매하려고 생산한다. 여러 자본가들이 이런 시장을 가능한 많이 차지하고 더 큰 부를 쌓으려고 경쟁한다. 이윤을 극대화해야 가장 효과적으로 경쟁할 수 있다. 그래서 노동자를 쥐어짜서 늘린 돈으로 더 빠른 기계와 컴퓨터를 더 많이 구입하는 등 번 돈을 다시 생산에 쏟아붓는다. 생산에 더 많은 돈을 쏟아부을수록 더 효과적으로 경쟁할 수 있다. 그 결과는 악순환이다. 다시 말해 자본가가 착취하고 투자하는 이유는 경쟁에서 이겨 착취와 투자에 유리한 위치를 차지하려는 것이다. 게으름 부리는 자본가는 망한다. 마르크스는 이런 과정을 '축적'이라고 불렀다.

이렇게 축적에 미쳐 날뛴 덕에 자본주의는 역사상 가장 역동적인 체제가 됐다. 그러나 자본주의가 갈망하는 혁신은 인간의 필요 충족이 아니라 이윤 증가를 목적으로 삼는 발전이다. 그러므로 아무것도 그 앞길을 방해할 수 없다. 노동자의 권리, 임금, 삶의 질이 자본에 방해되면 짓밟아 버려야 한다. '윤리적 자본주의'가 불가능한 이유는 자본가가 너무 도덕적이어서는 축적을 제대로 하지 못해 망할 것이기 때문이다. 환경을 망치고 파괴하는 기술들(내연기관, 화석 에너지, 공장식 축산 등)이 이미 개발돼 쓰이므로 자본주의라는 폭주 기관차는 계속 그 길로 내달릴 것이다. 다른 기술로 바꿀 것을 모색하는 자본가는 단기적으로라도 이윤이 떨어질 것이기 때문이다.

20세기에 이런 축적과 경쟁 논리는 새롭고 더 파괴적인 차원으로 전개됐다. 이제 축적으로 엄청나게 거대한 자본주의 기업들이 생겨나 전 세계 여러 국가들과 더 밀접히 얽히기 시작했다. 과거에도 국가들은 자주 충돌했지만, 이제 자본주의 권력의 핵심 국가들이 서로 경쟁하며 세계 여러 지역에 지배권을 확장하려 들면서 전쟁은 경제적 경쟁과 결합됐다. 사회주의자들은 이런 과정을 '제국주의'라고 불렀다. 전쟁은 더 유혈 낭자하고 산업화됐으며, 자본가들이 더 많은 부를 그러모으려고 벌이는 사활을 건 투쟁에 전 사회가 동원됐다.

자본과 경제 위기

이 체제는 파괴적일 뿐 아니라 통제 불능이다. 날

낱의 자본가는 냉철한 이해타산에 따라 자기한테 가장 합리적인 결정을 내린다. 그러나 이런 결정들이 인류의 필요를 충족하는 게 아니라 그저 자본가 개인의 부를 늘리는 것을 목적으로 삼기 때문에 체제 자체는 비합리적이다.

과거 사회에서 주기적으로 위기가 발생한 것은 생산 부족 탓이었다. 그러나 자본주의가 거듭거듭 경제 위기를 겪는 이유는 바로 자본주의의 역동적 성격 탓이다(미국의 경우 평균 6.3년마다 경제 위기가 발생한다). 호황은 다음번 불황의 길을 닦는다. 세상사가 잘 돌아가는 듯 보일 때는 활발히 투자가 이뤄지고 노동자를 고용하고 원료와 자재를 구입한다. 은행은 앞다퉈 대출을 확대하고 주가가 치솟기 시작한다. 사람들은 주가가 조만간 오를 거라고 기대하며 주식 투기에 나선다. 그러고 나서 문제가 생기기 시작한다. 시장은 과잉생산된 상품들로 넘쳐나기 시작한다. 기업은 비싼 기계에 투자하고도 제대로 활용하지 못하고 놀리고 있음을 깨닫는다. 은행은 대출금을 회수하지 못할까 봐 전전긍긍하기 시작한다. 주식시장에서 도박판을 벌인 사람들은 주가 상승에 대한 확신을 잃고 황급히 자산을 팔아 치운다. 노동자들이 해고되기 시작해 수요가 더욱 줄어들고 시장도 더욱 위축된다. 갑자기 경제 위기가 발생하고 평론가들은 그런 위기가 닥칠 것을 아무도 예측하지 못했다고 책망한다.

이것이 바로 200년 동안 자본주의에서 매번 벌어진 일이다. 그러나 모든 위기가 똑같지는 않다.

19세기에 경제학자들은 자본주의를 장기적으로 괴롭히는 문제가 발생한 것을 알아채기 시작했다. 이윤율(자본가가 총투자 대비 얻는 수익의 비율)이 해마다 하락하는 경향을 보인 것이다. 마르크스는 이런 경향이 나타나는 이유를 설명했다. 간단히 요약하면 다음과 같다(이 책 말미에 더 자세한 설명을 원하는 사람들에게 책과 글 몇 가지를 추천했다). 마르크스 주장의 출발점은 자본주의에서 만들어진 모든 이윤은 노동자를 착취한 결과라는 것이다. 그런데도 자본가는 노동자를 고용하기보다 기계와 설비 투자를 늘리는 쪽을 선호하는 경향이 있다. 노동자에 대한 투자보다 기계에 대한 투자가 더 빠르게 늘어나면, 자본가는 똑같은 양의 이윤을 남기기 위해 더 많은 투자를 해야 한다.

이런 경향은 우리한테 아주 익숙한 것이다. 10년 전에는 슈퍼마켓 계산대에 노동자가 한 명씩 있었다. 오늘날 슈퍼마켓에는 자동화된 셀프 계산대 4~8개를 노동자 한 명이 관리한다. 이런 시스템을 처음 도입한 슈퍼마켓은 커다란 성공을 거뒀다. 그들은 노동자를 해고하고 가격을 조금 낮춰서 다른 슈퍼마켓보다 경쟁에서 더 유리해졌다. 그러나 모든 슈퍼마켓이 똑같이 따라 하자 가격 자체가 내려갔다. 이제 슈퍼마켓은 산 노동은 덜 착취하고 기계에는 더 많이 투자한다. 이윤을 낳는 것은 산 노동이지 기계가 아닌데도 말이다.

이런 경향이 수십 년간 자본주의 경제 전체에서 발생하면 수익성[이윤율]을 떨어뜨릴 수 있다. 바로 이런 일이 제2차세계대전 이후 자본주의에 나타난 듯하다. 가장 큰 자본주의 경제인 미국은 투자수익률이 제2차세계대전 직후에 15퍼센트였는데 1980년대에 10퍼센트로 떨어졌고 2000년대에는 5퍼센트로 떨어졌다. 자본주의는 고물 시계의 태엽처럼 서서히 멎는 경향이 있다.

변화하는 체제

　마르크스는 또한 경제 위기가 체제를 한바탕 휩쓸고 지나가면 자본주의가 그런 문제로부터 회복될 수 있다고 지적했다. 경제 위기로 일어난 파괴는 살아남은 자본가들에게 강력한 활력을 불어넣는다. 이들은 경쟁 기업들을 모조리 사들이거나 시장에 헐값으로 나온 기계와 자재를 쓸어 모을 수 있다. 즉, 어느 정도 심각한 경제 위기를 겪고 나면 체제의 수익성이 회복될 수 있다는 뜻이다(물론 노동자들은 대량 실업과 빈곤이라는 대가를 치러야 한다).

　그러나 때때로 1930년대 대공황처럼 거대한 위기가 닥치기도 하는데, 이때는 자본주의의 생존력 자체가 위험에 빠진 듯했다. 체제가 다시 일어나 굴러갈 수 있었던 것은 제2차세계대전 때의 전시 동원 체제와 전쟁 자체가 초래한 파괴, 종전 후 방대한 군수산업의 민간 이양 덕분이었다.

　체제가 나이를 먹어 갈수록 1930년대 대공황 같은 거대한 경제 위기는 더욱 위험한 것이 된다. 자본주의가 나이 들수록 기업들은 더 거대해지는 경향이 있다.

어마어마한 부가 점점 더 소수의 수중에 쌓인다. 오늘날 월마트의 매출액은 노르웨이 국내총생산GDP과 맞먹는다. 이런 거대 기업이 도산 위기에 빠지면 지배계급은 공포에 떤다. 이런 거대 기업들을 지원하는 정부와 자본가는 전면적 붕괴를 감수하기보다 시장을 거슬러 구제하는 쪽을 택한다. 이 때문에 자본주의는 자기 병을 고치기가 더 어려워진다.

그 결과 체제는 계속 침체를 겪을 수 있다. 그러면 자본가와 여윳돈이 있는 사람은 생산에 투자하기보다 이윤을 만들어 낼 다른 수단을 찾기 시작한다. 거대한 자본주의 도박장이 생겨나 (주식시장, 상품거래소, 헤지펀드 등에서) 돈 있는 자들이 도박판을 벌인다. 사람들이 더욱더 많은 돈을 투기에 쏟아부으면서 경제에 거품이 낀다. 이런 거품은 체제가 차츰 멎고 있다는 근본적 현실을 거슬러 부풀어 오를 수 있다. 그래서 한동안 경제가 역동적으로 성장하는 것처럼 보일 수 있지만 결국 거품은 빠진다. 거품은 진짜 부를 만들지 못한다. 이것은 체제가 미쳤다는 또 하나의 증거다.

이런 상황이 영원히 계속되기만 할까? 자본주의는

특정 역사 시점에 생겨났고 언젠가 종말을 맞겠지만, 그것이 어떤 식일지는 아직 모른다. 미래가 과거나 현재와 똑같을 수는 없다. 오늘날 체제는 예전보다 훨씬 판돈을 키워 놓았다. 전쟁과 경제 위기가 여전히 인류 삶의 되풀이되는 특징이다. 심각한 생태계 파괴로 인류의 미래 자체가 위험에 처했다. 앞으로 또다시 200년간 이런 식으로 자본축적이 가능할지, 100년이나 50년 동안이라도 가능할지 아무도 장담하지 못한다. 제1차세계대전으로 학살극이 한창일 때 독일 사회주의자 로자 룩셈부르크는 "사회주의로 이행이냐, 야만주의로 퇴보냐" 가운데 하나를 택해야 한다고 주장했다. 거의 한 세기가 지난 오늘날 룩셈부르크의 단호한 선택은 점점 더 우리 몫이 되고 있다.

02

계급 문제

　우리는 계급사회에 산다. 체제에서 이익을 얻는 이들은 이 사실을 부정하려고 엄청 공을 들인다. 돈이 엄청 많은 최고경영자와 '사업가', 사장 등은 사회가 뚜렷이 나뉜다거나 이런 격차가 삶의 모든 측면에 영향을 끼친다는 생각을 털끝만치도 용납하지 않는다. 2009년에 영국의 갑부 1000명의 재산은 770억 파운드 증가해 3430억 파운드[593조 원]에 달했는데, 이들은 사회가 잘못됐다거나 아주 대단한 노력으로 그런 부를 일군 건 아니라는 주장을 달가워하지 않을 것이다.

　우리는 이제 모두 중산층이라거나, 우리 사회가 계급 없는 사회로 바뀌고 있다거나, 계급에 관해 말하는 것은 조야하고 구닥다리라는 식의 분석은 널렸다. 그러나 그런 분석은 생산수단(공장, 사무실, 콜센터, 농지, 은행 등)을 소유하고 통제하는 작은 집단이 존재한다는 엄연한 현실을 무시한다. 이들이 바로 지배계급이다.

극소수가 영국 경제를 쥐락펴락한다. 기껏해야 1100명 정도의 임원이 매출 합계가 2조 파운드[3460조 원]에 달하는 회사들을 지배한다. 이들은 중요한 투자를 결정하고, 공장을 폐쇄할 시기를 정하며, 노동자의 피땀을 짜내 회사 중역의 배를 채울 궁리만 하는 탐욕스러운 자들이다. 이런 부자들은 한 회사의 이사 자리로는 만족할 줄 모른다. 그들은 은행, 대기업, 민영화된 기업 등의 이사이기도 하다. 코톨즈의 전 회장인 아서 나이트는 언젠가 다음과 같이 말했다. "영국 제조업의 80퍼센트를 400개 회사가 운영하고 회사마다 중요한 전략적 결정을 책임지는 사람은 서너 명이다. 이들은 다 합해 봐야 1500명 정도다." 여기에 선출되지 않은 공기업 임원을 추가해야 하는데, 이들은 완전히 시장 논리에 따라 행동하며 노동자를 단속하고 못살게 군다. 공기업 임원이 비록 자신이 맡은 사업체를 소유한 것은 아닐지라도 그 사업체를 지배하고 통제하는 것은 분명하다.

러시아 혁명가 레닌의 말대로 계급이란 "역사적으로 규정된 사회적 생산 체제에서 차지하는 지위, 생산수단과 맺는 관계, 사회적 노동조직 안에서 하는 구실로 구별되고, 따라서 사회적 부에서 차지하는 몫과 그것을 얻는 방법으로 구별되는 사람들의 커다란 집단이다."

지배계급은 사회의 나머지와 이해관계가 정반대인 뚜렷이 구별되는 사회계층이다. 우리의 피와 땀이 저들의 이윤이다.

자본주의 사회는 지독히 불평등하다. 전 세계에서 평범한 사람들 사이에 실업이 급증하고 삶의 질이 곤두박질칠 때, 1011명에 이르는 세계의 억만장자들은 2009년에만 재산을 50퍼센트나 불렸다. 이 1011명의 재산 합계는 3조 6000억 달러[3967조 원]에 달한다. 이런 자그만 집단에게 세계 소득 하위 50퍼센트(35억 명)의 재산을 몽땅 합친 것보다 네 배나 많은 재산이 있다. 게다가 빈부 격차가 커지고 있다. 1970년대 초에는 사하라 사막 이남 아프리카 지역에서 태어난 아이들과 고소득 국가에서 태어난 아이들 사이의 기대수명 차이가 25.5년이었다. 2005년에 그 격차는 30년으로 벌어졌다.

충격적인 것은 그런 불평등이 단지 국제 통계만의 문제가 아니라는 것이다. 영국에서도 불평등이 심화됐다. 사회학자 예란 테르보른은 다음과 같이 썼다.

1688년 영국에서 하급 귀족의 연소득은 일꾼과 하인의 100배, 빈농과 빈민의 230배였다. 2007~08년에 영국 100대 기업의 최고경영자는 중위 소득 정규직 노동자의 141배나 되는 보수를 받았고, 판매직과 고객 서비스직 노동자에 비하면 236배나 받았다.

영국은 3세기 전보다도 더 불평등한 것이다! 온갖 사회 변화, 진보적 개혁 입법, 개혁 정부 선출로도 격차를 줄이지 못했고 오히려 더 벌어졌다. 그런 차이는 삶의 모든 측면에 영향을 미친다. 이런 차이는 누가 우등생이 되고 누가 열등생이 될지, 누가 명문대에 가고 누가 그러지 못할지, 누가 결국 회사 중역이 되고 누가 시급 6파운드[1만 원]를 받을지를 결정한다.

이런 차이는 죽고 사는 문제에도 영향을 미친다. 1910~12년 영국에서 남성 미숙련 육체 노동자가

20~44세에 사망할 가능성은 전문직 남성의 1.6배였다. 1991~93년에 미숙련 노동자가 그 나이에 죽을 위험은 전문직의 2.9배나 됐다.

사회주의 사회는 부가 사회적 배경에 따른 차별 없이 사람들의 필요를 충족하는 데 쓰이는 사회일 것이다. 그 사회는 부나 권력의 불평등 같은 것을 특징으로 삼지 않을 것이다. 이런 전망을 듣고 얼핏 사회주의자들이 모든 사람을 하향 평준화해 똑같이 가난하게 만들려는 것은 아닌지 의심을 품을 수 있다. 그러나 사실은 그렇지 않다. 지금의 사회가 얼마나 제정신이 아닌지 생각해 보면 이해가 갈 것이다. 오늘날 사람들이 받는 보수는 그가 하는 일의 사회적 유용성과 흔히 반비례한다. 대기업 최고경영자는 매년 어마어마한 연봉을 받는다. 경찰서장은 10만 파운드[1억 7000만 원]를 받고, 공장 생산 라인의 관리자는 5만 파운드[8650만 원]를 번다. 그런데 몸이 불편한 노인을 돌보는 요양보호사, 매일 먼 거리를 걸어 다녀야 하는 우편집배원, 보조교사, 가로 환경미화원은 1만 5000파운드[2595만 원]를 받으면 다행이다. 사실 우리한테는 요양보호사, 보건·의료 노동자, 교육 노동자가 훨씬 더 많이 필요하지 관리자나 경찰서장은 그리 많이 필요치 않다. 아니 관리자나 경찰서장은 사실 전혀 필요 없다고 말하는 게 맞겠다.

부를 좀 더 이치에 맞는 방식으로 나누면 어떨까? 영국에서 정규직 노동자의 수입은 상여금을 포함해 주당 600파운드[104만 원] 정도다. 모든 사람한테 정규

- 2009년 전 세계 군비 지출은 1조 5310억 달러[1688조 원]로 추산된다.
- 이것은 2008년 이래 6퍼센트 증가한 것이고 2000년 이후로는 49퍼센트나 증가한 것이다.
- 이것은 세계 GDP의 2.7퍼센트에 상당하고, 대략 전 세계 사람 1인당 225달러[25만 원]에 해당하는 돈이다.
- 어마어마한 국방 예산을 편성하는 미국은 이런 세계 적 경향을 만든 장본인이다. 미국의 군비 지출은 현재 전 세계 군비 지출 가운데 절반에 약간 못 미치는 46.5퍼센 트를 차지한다.
- 유니세프에 따르면, 빈곤 때문에 매일 2만 2000명의 어린아이가 죽는다. 영양실조와 그로 인한 합병증 탓이다.

직 노동자만큼만 지급해도 많은 사람의 삶이 바뀔 것이다. 그러나 600파운드는 시작에 불과하다. 기업 고위직과 놀고먹는 부자들이 챙기는 배당금과 보너스를 계산에 넣으면 모든 사람한테 적어도 주당 800파운드 [138만 원]씩 지급하는 게 전혀 어렵지 않다. 그리고 이것은 단지 자본주의 사회의 수입을 나눈 것일 뿐이다.

그러나 사회주의 사회란 단순히 부를 재분배하는 것만을 뜻하지 않는다. 사회주의자들은 완전히 쓸모없는 곳에 쏟아붓는 부를 장악해서 더 나은 목적에 쓰길 바란다. 별반 다르지 않은 여러 유명 상표 제품들을 광고하거나 무기를 생산하는 데 낭비되는 돈과 노동을 생각해 보라. 가난한 사람들만 겨냥해 범죄를 단속하고, 공공 보건·의료 서비스에 차라리 없느니만 못한 '내부 시장' 정책을 도입하려 애쓰는 것이나, 능력 있는 사람들에게 일자리를 제공하지 못해 허송하게 만드는 현실을 생각해 보라. 더 나은 세상, 더 평등

---

* 내부 시장 1989년 영국에서 마거릿 대처 정부가 도입한 의료 영리화 정책. 국민보건서비스NHS 소속 의료 기관들 사이에 경쟁을 부추겨 시장 논리를 끌어들이는 것이 목적이었다.

한 세상을 만드는 일에 쓸 수 있는 어마어마한 자원
이 이미 존재한다.

왜 노동계급인가?

이렇듯 더 좋고 평등한 세상을 만든다는 것은 단지
부자의 재산 일부를 빼앗는 것만 뜻하지 않는다. 지배
자들한테서 사회적 권력을 박탈하고 세상이 돌아가
는 방식을 좌지우지하는 능력을 빼앗아야 한다. 그러
려면 사회주의자는 지배계급과 대립하는 처지에 놓인
계급(노동계급)에 기대야 한다.

노동계급은 자기 노동능력을 팔 수밖에 없는 사람들
의 집단이다. 자본가나 국가기관에 고용되지 못하면 노
동자들은 비참하게 실업급여에 기대 살아야 한다. 그리
고 정치가와 언론한테 "일하기 싫어서" 그렇게 사는 거
라는 등 끊임없이 모욕을 당한다. 노동계급은 영국 같은
나라에서 압도 다수를 차지한다. 세계에는 지금도 조그
만 땅뙈기를 부치며 연명하는 농민이 어마어마하게 많
지만 이제 노동계급과 그 부양가족이 다수가 됐다.

전 세계의 이런 노동계급은 그저 고통받는 대중이 아니다. 노동계급에게는 힘이 있다. 이를 두고 마르크스는 "자본가계급은 무엇보다 자기 자신의 무덤을 파는 사람들을 만들어 낸 셈이다" 하고 썼다. 물건을 만들고, 서비스를 제공하고, 아이디어를 내자면 그런 일을 하는 사람이 있어야 한다. 자본가한테는 참 안된 일이지만, 그런 일을 하는 사람에게도 생각과 감정이 있다. 기업인 헨리 포드는 언젠가 다음과 같이 불평했다. "나는 한 쌍의 손을 고용할 뿐인데 언제나 거기에 사람이 딸려 온다."

노동자들이 꼭 사회에서 제일 상냥하고 고결한 사람들인 건 아니고, 경우에 따라서는 가장 수가 많지도 않다. 사회주의자가 노동계급을 주목하는 이유는 크게 두 가지다. 첫째, 노동자한테는 힘이 있다. 노동자들은 생산에서 중심적 구실을 한다. 런던의 지하철 노동자들이 파업하면 수도 전체가 멈춘다. 지하철 사장들이 파업하면, 기껏해야 근처 고급 와인바 사장 정도만 신경 쓸 것이다.

이런 주장에 대한 반론 하나는 노동자들이 과거에는 힘이 있었지만 지금은 그렇지 않다는 것이다. 과거에 수많은 광원, 섬유 노동자, 철강 노동자가 있었지만 이제 대부분 사라졌다. 영국 같은 나라에서 제조업 고용이 줄고 있는 것은 분명한 사실이지만, 남은 노동자들이 여전히 중요한 구실을 한다는 것에도 주목해야 한다. 기술 발전으로 자동차 공장을 1만 명이 아니라 1000명의 노동자로 돌리면서도 같은 수의 차를 생산한다면, 남은 노동자 1000명한테 어마어마한 힘이 집중되는 것이다.

제조업 고용이 줄었지만, 다른 형태의 노동은 늘었다. 단순 사무·행정직 노동자, 전산자료입력원, 콜센터 노동자, 교사, 보건·의료 노동자, 지자체 고용 노동자의 수가 늘었다. 이들은 노동조건이 열악하고, 저임금과 고용 불안정에 시달리고, 업무 스트레스와 괴롭힘으로 고통받고, 틀림없이 자기 일을 통제하지 못한다. 이들이 현대 노동계급의 핵심적 일부가 됐다고 봐야 한다.

철도·통신·자동차 노동자 같은 집단에게 힘이 있다는 것은 명백하다. 그러나 이런 노동자들한테만 힘이 있는 것은 아니다. 2010년에 런던 북부에 있는 코카콜라 공장 노동자들이 파업을 벌였다. 한 노동자가 다음과 같이 말했다. "12시간 교대 근무를 하는 동안 거의 50만 병이 라인을 타고 내 앞을 지나갑니다. 그러니까 이 자리에 있는 노동자들이 하루 수백만 병을 생산하는 거죠." 이 공장을 멈춘 노동자들은 틀림없이 사측에게 큰 골칫거리였을 것이다. 겨우 여섯 명이 하루 일을 멈춘 것만으로 올림픽 수영장을 채우고도 남을 만큼의 콜라가 그냥 허비된 것이다!

사회주의자가 노동자한테 기대는 둘째 이유는 이 계급이 다른 피착취 집단과 달리 변화를 이루려면 집단으로 행동해야 한다는 것이다. 물론 동료들의 뒤통수를 치고 사장한테 알랑거려서 임금을 인상하거나 승진하려는 사람들이 있기 마련이다. 그러나 모든 사람이 그런 방식으로 성공을 거둘 수는 없다. 노동자들이 회사나 정부로부터 돈을 더 받고자 한다면 함께 행동해야 한다. 해고를 막으려 할 때도 하나로 뭉쳐 싸워야 한다. 노동자들이 자기 공장이나 사무실을 접수해 운영하고자 할 때도 한 덩어리가 돼야 한다. 노동자들은 공장을 쪼개서 각자 자기 몫만 가지고 일할 수 없다. 집단으로 공장을 접수하고 집단적으로 운영해야 한다. 바로 이런 이유로 노동자 투쟁은 역사상 가장 민주적인 운동이었다.

마르크스와 엥겔스는 이를 두고 다음과 같이 썼다.

이제까지의 모든 운동은 소수의 운동이거나 소수의 이
해관계에 따른 운동이었다. 노동계급의 운동은 압도 다
수의 이해관계에 따른 압도 다수의 의식적이고 자주적
인 운동이다. 오늘날 사회에서 최하층인 노동계급은 공
적 사회를 이루는 상층의 구조 전체를 허공으로 날려 버
리지 않고는 옴짝달싹할 수도, 몸을 일으킬 수도 없다.

노동계급은 "자신의 생활 조건들을 철폐하지 않고
는 자기 자신을 해방할 수 없다. 노동계급은 자신의
상태 속에 집약된 현 사회의 비인간적 생활 조건들을
모두 철폐하지 않고는 자기 자신의 생활 조건들을 철
폐할 수 없다."

그래서 노동계급이 중요한 것이다.

03

억압받는 사람들의 호민관

계급 분열이 자본주의의 핵심 특징이지만, 체제는 다른 많은 분열을 만들고 강화한다. 이런 분열들 탓에 체제에 맞설 공통의 이해관계가 있는 노동자들이 때때로 서로 대립하기도 한다. 인종차별, 성차별, 동성애 혐오 같은 사상은 역사가 깊지만, 인류 사회의 영원한 특징은 아니다. 이런 차별들은 각각 특정 시점에 생겨나 오늘날까지 이어지는데, 그것들이 체제를 보호하고 유지하는 걸 돕기 때문이다.

예를 들어, 자본주의 등장 이전에 사람들을 '인종'으로 구분하는 사회가 있었다는 증거는 없다. 물론 서로 긴밀한 관계를 맺는 소집단이 외부인을 두려워하거나 특정한 종교적·문화적 신념을 고수하며 다른 집단과 반목하는 경우는 있었다. 그러나 이것이 이른바 열등한 인종 집단의 고유 특징이라는 형태를 취한 경우는 없었다.

인종차별은 초기 자본주의 체제에 거대한 부를 안겨준 대서양 노예무역과 아메리카의 플랜테이션 농업에서 유래했다. 처음에는 백인 계약이주민이 유럽에서 건너가 플랜테이션 농장에서 일했다. 그러나 노동 수요가 증가하자, 농장주들은 아무 제약 없이 착취할 수 있는 무권리의 노동자를 공급받고자 했다. 그러나 신흥 자본가 계급이 옛 귀족 지배층을 대체하려 하면서 급진 사상이 유럽과 아메리카를 모두 휩쓸자 그런 공급처를 찾는 농장주들의 노력은 곤란을 겪었다. 미국독립선언에는 그런 급진 사상을 표현한 유명한 구절이 있다. "우리는 모든 사람이 평등하게 태어났다는 것을 자명한 진리로 여긴다." 그렇지만 흑인 혁명가 맬컴 엑스가 나중에 설명했듯이 "흑인은 독립선언문 발표 뒤에도 여기 미국에서 여전히 노예 처지였다. 사실 독립선언문에 서명한 백

---

* 맬컴 엑스 본명은 맬컴 리틀이다. 당시 흑인 이슬람으로 개종한 많은 흑인이 흔히 백인 노예주의 성을 본떠 만든 본래 성을 버리고 잃어버린 아프리카 조상의 성을 상징하는 '미지'의 X로 성을 바꿨다.

인 미국 창시자들 자신이 대부분 노예 소유주였다.˝

인종주의가 바로 이런 모순을 해결하는 방법이었다. 수많은 노예들을 아프리카에서 실어와 죽을 때까지 부려 먹을 수 있었던 것은 그들이 선천적으로 열등하고 그런 열등함에서 벗어날 수도 없다고 간주했기 때문이다. 노예제를 정당화하려고 등장한 조야한 인종주의 이데올로기는 유럽 열강이 아시아와 아프리카에 제국을 건설하면서 좀 더 정교하게 다듬어져야 했다. 유럽 열강은 유럽 백인의 지배를 세상의 자연적 질서처럼 보이게 하려 했다. 인종차별 사상을 퍼뜨리면서 지배자들은 그것이 국내 통치에도 도움이 된다는 것을 알아챘다.

마르크스는 한 편지에서 당대 영국의 주된 인종차별 형태를 다음과 같이 설명했다.

지금 영국의 모든 산업과 상업 중심지에서 노동계급은 두 적대 진영, 즉 영국 노동자와 아일랜드 노동자로 나뉘어 있습니다. 평범한 영국 노동자는 아일랜드 노동자가 자신의 생활수준을 낮추는 경쟁자라며 미워합니다. 영국 노동자는 자신을 아일랜드 노동자와 달리 지배 민족의 일원이라고 여기므로 결국 아일랜드를 억압하는 영국 귀족과 자본가의 도구가 되고, 따라서 자신에 대한 그들의 지배를 강화합니다. 영국 노동자는 아일랜드 노동자에 대한 종교적·사회적·민족적 편견을 품고 있습니다. … 아일랜드인은 이자까지 쳐서 앙갚음합니다. 영국 노동자를 아일랜드의 영국 지배자들의 공범이자 어리석은 꼭두각시로 보게 되는 것이지요.

이 같은 적대는 언론, 종교, 황색신문 등 지배계급이 활용할 수 있는 모든 수단을 이용해 인위적으로 유지될 뿐 아니라 강화됩니다. 이 같은 적대야말로 영국 노동계급이 조직돼 있는데도 무력한 비밀입니다. 자본가계급이 권력을 유지하는 비결도 바로 이것입니다. 그리고 자본가계급은 이 점을 잘 알고 있습니다.

이것이 오늘날까지 계속되는 인종차별의 핵심 구실이다. 즉, 밑바닥 사람들을 분열시켜 꼭대기에 앉은 자들의 지배를 강화하는 것이다.

인종차별이 사실은 근거가 없고('인종'을 과학적으로 규정하는 유의미한 개념은 없다) 노동자들의 물질적 이해관계와도 상충하므로, 인종주의는 계속 재창조돼야 한다. 투쟁이 절정에 이르면, 사회 밑바닥 사람들은 함께 저항할 공통의 이해관계가 있음을 곧잘 깨닫는다. 그뿐 아니라 사람들이 다른 나라로 이주해 함께 배우고 일하고 어울려 살면서 낡은 불신이 깨질 수도 있다. 이런 과정이 계속되면 낡은 형태의 인종차별은 받아들이기 어려워진다. 지배자들은 자기를 향한 분노를 손쉬운 희생양한테 돌릴 방법을 찾기 때문에 새로운 형태의 인종차별을 위로부터 창조해야 한다.

흔히 인종차별은 특히 국가기구 속에 응축돼 나타난다. 경찰의 제도화된 인종차별이 이 점을 뚜렷이 보여 준다(예를 들어 영국에서 흑인이 불심검문에 걸릴 확률은 지금도 백인의 여섯 배나 된다). 박해를 피해 온 망명 신청자나 국외 일자리를 구하는 이민자를 막는 출입국관리 제도도 이 점을 잘 보여 준다. 그런 이민 통제는 분열을 강화하고, 우파들이 부추기는 이민에 대한 공포에 영합하며, 인종차별을 조장한다. 바로 그런 까닭에 사회주의자는 국경 없는 세계를 주장한다. 어차피 부자들의 돈은 힘들이지 않고 국경을 넘는데, 사람들이 그러지 못할 이유가 무엇인가?

마르크스가 살던 당시에는 아일랜드인이 인종차별의 주된 피해자였다. 20세기 전반기에는 유대인이 그

대상이었고 후반기에는 과거 식민지에서 온 흑인 노동자나 아시아계 노동자가 대상이었다고 할 수 있다. 최근에는 동유럽인(이들과 유럽 백인을 신체 특징만으로 구분하는 것은 불가능할 것이다)이 공격받았고, 그것은 망명 신청자와 이주 노동자를 대상으로 한 더 일반적인 공격의 일부다.

오늘날에는 이슬람 혐오가 인종차별의 최신 형태로 등장해 널리 수용됐다. 작가 마틴 에이미스가 2006년에 다음과 같이 말한 것에서 그것을 볼 수 있다.

이렇게 분명하게 말하고 싶어요. (당신도 그렇지 않나요?) "무슬림 사회는 집안 단속부터 해야지, 그러기 전에는 고생 좀 해 봐야 해." 이동의 제한, 더 나아가 추방, 자유의 박탈, 중동이나 파키스탄 출신으로 보이는 사람에 대한 알몸 수색. 이런 차별이 필요해요. 그래야 무슬림 사회 전체가 피해를 보고 자기 자식들을 엄히 다루게 될 겁니다.*

———

* 영국 정부가 항공기 테러 음모를 적발했다며 런던의 무슬림 청년 수십 명을 체포한 사건에 관해 이야기하면서 이렇게 말했다.

오늘날 저명인사가 유대인이나 흑인을 두고 그런 발언을 하는 것은 상상도 못 할 일이다. 그렇지만 새로운 형태의 인종차별이 성행하면 낡은 형태의 인종차별도 활기를 되찾고 받아들여지기 마련이다. 인종주의자들의 무슬림 공격 시도나 경찰의 무슬림 괴롭힘은 이슬람교도와 아시아, 중동, 북아프리카 출신 타 종교인을 거의 구분하지 않는다.

성차별, 동성애 혐오, 가족

인종차별은 우리를 분열시키는 여러 형태의 편견 가운데 하나일 뿐이다. 여성차별은 자본주의보다 훨씬 오래되고 수천 년 앞서 나타났지만, 이런 성차별조차 인류의 영원한 특징은 아니다. 초기 수렵·채집 사회에서는 성차별이 나타나지 않았고, 여성이 출산과 수유를 하면서도 식량 생산에 동참할 수 있었다.

이런 생산 형태가 더 고도의 농업기술로 대체되고 나서야 여성을 남성에게 종속된 존재로 여기게 됐다. 만약 어떤 사회에서 여성이 가축을 몰거나 무거운 쟁

기질을 한다면, 그 사회는 출산율이 떨어질 것이고 경쟁 집단들한테 밀려나게 될 것이다. 여성은 중요한 생산 영역과 그에 따른 의사 결정에서 점차 배제됐다. 사회에서 여성의 주된 구실은 자녀 양육이 됐다. 여성 억압이 발전하면서 동시에 사람들이 서로 관계 맺는 방식에도 변화가 일어났다. 정착 생활을 하고 새로운 기술이 발전하자, 부의 생산이 충분히 증가해 소수가 노동 의무로부터 완전히 벗어나 생산방식을 관리·통제하는 최초의 지배계급이 될 수 있었다. 그러므로 남성한테 여성이 종속된 것은 계급사회의 등장과 밀접한 관련이 있었다. 즉, 여성과 남성 대부분이 소수 지배자한테 종속된 것이다. 오늘날까지 여성의 종속은 여전히 계급사회의 보편적 특징이다.

성 정체성에 대한 시각도 바뀌기 시작했다. '이성애자'니 '동성애자'니 하는 딱지는 너무 협소해서 성적 관계나 사람들이 역사적으로 성에 대해 사고한 방식의 다양성을 온전히 담아낼 수 없다. 유럽의 식민지 개척자들이 아메리카에 도착했을 때 그들은 많은 원주민 사회에서 사람들이 태어날 때와 다른 성으로 살아가는 것이 허용되는 것을 보고 크게 놀랐다. 고대 그리스와 로마 사회는 남성 사이의 성적 관계를 흔히 용인했을 뿐 아니라 찬미했다. 그러나 남성을 가장으로 한 가족 단위가 부상하자,* 성적 관계의 허용 범위는 더욱 경직되기 시작했고 결혼은 더 엄격한 형식을 갖춘 법적 관계가 됐다. 중세 유럽에서 그랬듯 대개 금지된 것은 동성애가 아니라 생식을 목적으로 하지 않는 모든 성관계 형태였다.

자본주의의 등장으로 가족, 여성의 사회적 구실, 성에 대한 사고방식이 더욱 바뀌었다. 19세기 이전 영국에서 노동은 대개 가구 단위로 조직됐는데, 이런 가족에서 남성은 가장이자 생계를 주되게 책임지는 사람이었다. 그러나 산업혁명이 일어나자, 섬유산업 같은 곳에서 여성과 아동 노동에 대한 수요가 매우 컸다. 여성이 노동자로 공장에서 일하기 시작하면서 노동계급 가족 자체가 존폐의 기로에 섰다. 그와 동시에 많은 지배계급 여성의 삶은 가정과 자녀 양육에 훨씬

------

* 봉건제 가족을 말한다. 그 이전인 고대 로마제국에서는 "가족, 즉 파밀리아familia는 부부와 그 자녀를 가리키는 게 아니라 단지 그들의 노예만을 가리키는 말이었다"(엥겔스).

더 치중하게 돼서 숨이 막힐 지경이었다.

노동계급 여성한테 공장에 들어가는 것은 자유롭고 평등한 세상으로 들어가는 게 아니었다. 노동조건은 대체로 끔찍했다. 어린아이들이 특히 많이 희생됐다. 1860년대에 맨체스터 아동의 4분의 1이 첫돌 전에 사망했다.

19세기 중엽부터 자본가들은 둘로 나뉘어 한쪽은 단기간에 이윤을 최대한 뽑아내려 들었고 좀 더 미래를 내다본 다른 쪽은 노동력이 장차 깡그리 파괴될까 봐 염려했다. 결국 후자가 승리해 가족을 뒷받침하고 개선하려는 많은 노력을 기울였다.

여성과 아동이 몇몇 노동 분야에서 배제됐고 나머지 분야에서는 노동시간이 줄었다. 이런 개혁 입법으로 사용자들은 더 생산적이고 흔히 더 고분고분한 노동자를 공급받게 됐고, 많은 노동자는 남녀 모두 산업 자본주의가 가하는 고통에서 잠시 벗어날 수 있게 됐다. 자본가들은 노동계급 가족을 지탱하는 데 보탬이 될 경우 때때로 남성 노동자한테 '가족임금'을 지급하기도 했다. 이럴 경우 여성은 가사와 양육을 책임져야 했다. 이것은 여성과 아동을 염려해서 나온 것이 아니라 착취에 적합한 노동력을 유지하고 재생산하려는 바람에서 나온 것이었다.

가족은 모순적 구실을 한다. 가족은 바깥세상의 시련을 피할 사적 안식처로 여겨지지만, 수없는 갈등, 어려움, 충족되지 않는 기대가 표출되는 장소이기도 하다. 가족의 강화는 또한 '정상적' 성이 뜻하는 바를 더욱 협소하게 만들었고, 그런 상황을 배경으로 '동성애자'라는 용어가 1860년대 말에 처음 등장했다. 성소수자 억압은 가족을 재생산과 소비의 신성한 장소로 유지하려는 노력을 반영한다.

현대 가족, 또는 적어도 그에 대한 신화는 많은 여성이 다시 일터로 돌아온 오늘날까지 자본주의 이데올로기에서 핵심 구실을 한다. 여성은 흔히 가족을 돌보고, 가사를 도맡고, 생활비를 벌라는 압력을 받는다. 너무 열심히 일하면 '나쁜 엄마'라고 비난받고 일하지 않으면 '놀고먹는 사람'으로 폄훼된다. 일하러 나가서도 여성은 남성보다 형편없이 적은 임금을 받는다. 정규직 여성은 남성보다 평균 17퍼센트 적은 임금을 받는다. 그리고 많은 여성이 시간제로 일하거나 간호나 돌봄 노동 같이 더 '여성적'이라고 여겨지는 일을 해야 한다(이런 일자리는 언제나 저임금이다).

여성이 당하는 차별은 단순히 경제적인 것에 머물지 않는다. 성차별은 훨씬 광범한 현상이다. 여성해방 투쟁이 정말로 커다란 진전을 이뤘지만, 과거에는 미미해 보였거나 적어도 용납될 수 없는 것으로들 생각했던 여러 형태의 성차별이 되살아나고 있다. 광고에서는 여성 신체를 일회용 상품처럼 다룬다. 대학에서는 여학생들에게 운동 삼아 폴 댄스 수업을 들어 보라고 부추긴다. 옛날이라면 소프트코어 포르노와 똑같이 취급했을 '남성 잡지'가 신문 가판대에서 불티나게 팔린다. 여성과 남성이 동등한 세상이므로 이 모든 것에 비뚤어진 관심일랑 두지 말라고들 한다(더 심하게는 여성의 해방을 표현하는 것으로 여기기조차 한다). 이른바 '외설 문화'의 유행은 성차별이 더 다양한 형태로 강화되는 여러 방식 가운데 하나다.

사회주의자와 억압

사회주의자의 출발점은 억압받는 사람의 편에 서는 것이다. 이것은 단순히 억압의 희생물이 된 노동자를 방어하는 것만 뜻하지 않는다. 억압받는 사람이 누구이든 모든 인종차별, 성차별, 동성애 혐오에 반대해야 한다. 러시아 혁명가 레닌은, 사회주의자라면 임금이나 노동조건 같은 기본적 계급 쟁점을 두고 싸울 뿐 아니라, "민중의 호민관이 돼야 한다. 다시 말해 폭정과 억압이 있는 곳이라면 어디서든, 그 피해자가 어느 계급이나 계층이든 상관없이 폭정과 억압이 드러나는 온갖 현상에 맞서 대응할 수 있어야 한다"고 설명했다. 물론 억압의 경험은 계급에 따라 다르다. 노동계급 여성은 보모(아마도 여성)를 고용할 여유가 있는 지배계급 여성에 비해 아이를 기르는 데 훨씬 큰 어려움을 겪는다. 그렇더라도 사회주의자는 양쪽 여성이 겪는 성차별에 모두 반대한다. 억압을 용인하면 우리 편이 약해지고 지배자들이 강해지기 때문이다.

억압은 노동자 투쟁을 분열시키고 약화시키는 데 그치지 않는다. 억압은 노동계급 일부를 자기 지배자와 결속시킨다. 마르크스는 앞서 인용한 편지에서 영국 노동계급의 상태를 언급하며 그 점을 분명히 밝혔다. 영국 노동자가 아일랜드인을 억압하는 영국 자본가와 자기를 동일시해서는 결코 자신을 해방할 수 없다.

해방의 열쇠

그렇다면 인종, 성별, 성 정체성에 따른 억압이 이렇듯 널리 퍼져 있는데도 사회주의자가 계급에 커다란 강조점을 두는 이유는 무엇일까?

첫째는 노동계급이라는 존재가 단순히 착취받는다는 것만을 뜻하지 않기 때문이다. 노동계급은 집단적 힘의 근원이기도 하다. 흑인, 여성, 동성애자라는 존재가 어떤 사람의 정체성에서 중요한 부분을 차지할 수 있지만, 그런 정체성 덕분에 그가 사회에서 어떤 힘을 갖는 것은 아니다. 그러나 노동자는 그런 힘이 있다. 왜냐하면 노동자는 자기 노동으로 자본주의의 부를 모두 창조하기 때문이다. 또 모든 노동자가 처지가 비슷하고 집단으로 움직일 때만 제대로 싸울 수 있으므로, 노동자들은 하나의 계급으로 강력하게 단결할 수 있다.

역사적으로 여러 억압받는 집단이 저항하고 커다란 승리를 거둔 것이 사실이다. 1950년대와 1960년대 미국의 흑인 투쟁은, 마틴 루서 킹이 이끈 비폭력 공민권 운동이든 맬컴 엑스 같은 인물이 이끈 여러 북부 도시의 블랙파워* 운동이든 인종차별에 저항하는 데 큰 보탬이 됐다. 여성해방 투쟁이 몇 차례 일어나 성차별적 편견에 저항하고 여러 낡은 사상을 없애는 데 도움이 됐다. 1969년에 뉴욕에서 성소수자들이 봉기한 스톤월 항쟁이 일어난 뒤 동성애 혐오가 주요 현안이 됐다.

사회주의자는 저항 방식이 어떠하든 이 모든 투쟁을 지지하고 억압자에 맞서서 억압받는 사람의 편에 확고히 선다. 그러나 우리는 분리된 투쟁의 한계도 알아야 한다. 1960년대 미국의 강력한 인종차별 반대 운동은 두 진영으로 나뉘었다. 첫째 진영은 자본주의 사회의 범위 안에서 흑인 지위를 향상하려 힘썼다. 그들은 영웅적 투쟁을 벌이면서도 권력층과 거래하려 했다. 둘째 진영은 더 급진적인 듯했고 블랙파워를 역설하는 사람들로 이뤄졌다. 그러나 그들도 결국, 인종차별로부터는 자유롭지만 자본주의 사회의 모든 문제

---

* **블랙파워** "백인이 제공하거나 용인하는 모든 '진보'에 대한 의심과 온정주의에 대한 거부의 표현으로 등장한 새로운 구호였다"(하워드 진). 흑인의 해방은 스스로 쟁취해야 한다는 자기 해방 사상, 인종적 자부심, 흑인의 독립을 달성하기 위한 분리주의 사상을 담고 있었다.

가 되풀이되는 독자적 '흑인 자본주의'를 추구하는 경우가 흔했다. 양쪽 모두 체제에 균열을 내고 근본적으로 도전할 방법을 찾지 못했다. 투쟁의 결과 인종차별이 약화하고 극소수 흑인이 부자와 권력자 대열에 합류했다. 그러나 대다수 흑인은 가난하고 학대받는 처지에서 벗어나지 못했다. 통계를 살펴보면 이런 불평등이 무수히 드러난다. 예를 들어 미국에서 흑인이 감옥에 갈 확률은 백인의 네 배나 된다. 영국은 사정이더 나빠서 흑인이 감옥에 갈 확률이 백인의 일곱 배에 달한다.

억압받는 사람들의 해방 투쟁은 '분리주의'라는 함정과 아무나 가리지 않고 연합하려는 함정 둘 다를피할 때 가장 강력하다. 필요한 것은 더 급진적인 유형의 단결이다. 억압받는 사람들의 해방 투쟁은 노동자의 힘과 결합할 때 가장 강력해진다. 즉, 미국의 흑인혁명가 프레드 햄프턴의 주장처럼 "헛된 흑인 자본주의를 목표로 자본주의와 싸우지 말고, 사회주의를 지

---

* **프레드 햄프턴** 미국의 급진 흑인 단체 흑표범당의 지도자. 1969년 21살의 젊은 나이에 경찰 특공대에게 살해당했다.

항하며 자본주의와 싸워야 한다."

현대에는 많은 여성과 흑인이 노동에 참여하면서 여성과 흑인의 투쟁이 이미 크게 강화됐다. 영국의 여성해방운동은 1968년 포드자동차 대거넘 공장에서 여성 봉제 노동자들이 동일 임금을 요구하며 파업을 벌여 공장을 완전히 멈추자 강력한 자극을 받았다. 1970년대에는 국민전선NF 같은 파시스트 집단이 우편 노동자 사이에서 활동하는 일이 흔했지만, 최근에는 일터에서의 인종차별에 반대해 흑인, 백인, 아시아계 노동자들이 함께 파업을 벌였다. 많은 노동조합 활동가들이 이제 성차별, 인종차별, 동성애 혐오에 맞서 싸우는 걸 당연하게 생각한다. 이것은 과거에 단결해서 투쟁한 경험 덕분이다.

억압에 맞서 함께 저항하자는 생각을 인종, 성별, 성 정체성의 구분 없이 모든 노동자가 받아들일수록 이런 쟁점을 둘러싼 투쟁은 더 강력해질 것이다. 그리고 이런 싸움으로 만들어진 단결은 노동자들이 착취에 맞서서 벌이는 투쟁도 강화한다.

계급이 중요한 둘째 이유는 억압이 계급사회에 뿌리박고 있고 계급사회를 강화하는 데 일조하기 때문이다. 사회주의자의 목표는 계급 없는 사회를 만드는 것이다. 즉, 진정으로 민주적이고 모든 사람이 함께 결정하는 사회를 만들려고 한다. 억압은 이런 사회에서 물질적·사회적 토대를 잃고 설 자리가 없을 것이다. 반대로 자본주의는 끊임없이 새로운 형태의 편견을 만들고 낡은 편견을 되살려 낸다. "혁명을 기다리자"는 얘기가 아니다. 우리가 투쟁한다면 자본주의 아래서도 진보가 가능하다. 그러나 진보는 언제든 되돌릴 수 있다. 결국 억압을 영원히 없애려면 사회주의가 반드시 필요하다.

04

___

노동당의 의회주의

사회주의 전통에는 양대 경향이 있다. 미국 마르크스주의자 핼 드레이퍼는 그것을 "사회주의의 두 가지 전통"이라고 불렀다. 즉 민주적인 "아래로부터의 사회주의"와 권위주의적인 "위로부터의 사회주의"가 있다는 것이다. 아래로부터의 사회주의의 핵심 사상은 마르크스가 썼듯이 "노동계급의 해방은 노동계급의 행위여야 한다"는 것이다. 아무도 노동계급을 위해서, 노동계급을 대신해서, 노동계급의 배후에서 변화를 가져올 수 없다. 노동자는 스스로 변화를 이뤄야 한다. 노동자는 그들 자신이 혁명적 사회 변화에 동참하고 그 과정을 지휘해야 한다. 세상을 바꾸는 과정에서 노동자 자신이 바뀐다. 마르크스는 그런 과정을 두고 다음과 같이 썼다. "혁명이 필요한 이유는 지배계급을 다른 방식으로는 타도할 수 없을뿐더러 지배계급을 타도할 계급은 오직 혁명 속에서만 자기한테 묻은 오랜 오물을 모두 씻어 내고 사회를 새로 건설할 적임자가 될 수 있기 때문이다."

자유는 변화를 선사하는 의회 다수당이나 지배계급을 공포에 떨게 하는 테러 단체, 올바른 결정을 내리는 일부 좌파 노조 지도자, 탱크를 몰고 쳐들어와 지배계급을 분쇄하는 군대로부터 나오지 않는다. 노동자는 스스로 자유를 쟁취해야 한다. 사회주의는 노동자 권력을 뜻하고 그 필수 요소는 노동자 자신이 사회를 바꾸는 활동에 참가하는 것이다.

이것은 강력한 전통이다. 그러나 아래로부터의 사회주의에는 강력한 적수가 있다. 이들은 노동자를 위해서 그리고 노동자를 대신해 변화를 선사하는 것이 완전히 옳다고 믿는다. 이런 위로부터의 사회주의의 변종 가운데 하나가 스탈린주의로, 변화가 노동자들의 바람과 무관하게, 필요하다면 그것을 거슬러 선사돼야 한다고 믿는다. 스탈린주의는 9장에서 다시 다루겠다. 영국에서 더 강력한 힘을 발휘하는 변종은 노동당 개혁주의다.

노동당 개혁주의는 훌륭한 국회의원을 — 사회주의자라면 더 좋을 테지만, 적어도 노동계급과 진보를 지지하는 괜찮은 인물을 — 선출해 정권을 잡은 뒤 사회를 근본적으로 바꿀 수 있다는 생각에 기초한다. 그럴듯한 전망이고 혁명을 이루려 애쓰는 것보다 훨씬 쉬워 보인다. 그러나 노동당 개혁주의는 실패했다.

20세기 초에 노동당이 만들어진 것은 노동자들한테 일보 전진이었다. 노동당 창당으로 노동자들이 지배계급 정당인 자유당과 완전히 단절했고 노동당이 초보적인 노동계급 정치를 옹호했기 때문이다. 노동당 창당은 노동자의 이익에 따라 활동하려면 자본가 정당들에 의지할 수 없다는 선언이었다. 그러나 노동당의 탄생은 혁명적 정치에서 벗어나는 것이기도 했다. 노동당은 이제 노동자들(적어도 일부 남성 노동자들)에게 투표권이 있으니 의회 바깥에서 혁명적 투쟁을 벌일 필요가 없어졌다는 생각을 받아들였다. 지금껏 노동당의 행적을 보면, 야당일 때는 급진적 언사를 늘어놓다가도 집권해서는 친자본주의적이고 반노동자적인 정책을 펼쳤다.

1924년과 1929년에 집권한 첫 노동당 정권은 전임 자유당 정권과 똑같이 행동해서 지지자들을 실망시켰다. 그 뒤 1929년 월 가 증시가 붕괴하고 극심한 불황이 닥쳐 실업이 급증하자 노동당 정권의 총리 램지 맥도널드는 임금과 복지를 공격했다. 내각도 다수가 이 정책에 찬성했다. 그러나 소수의 반대조차 맥도널드와 재계의 화를 돋웠다. 그래서 맥도널드는 노동당 정권을 해산하고 보수당과 동맹을 맺었다. 이 일은 역사에 '세기의 배신'으로 기록됐다. 노동당 온건파인 R H 토니는 자본주의를 개혁하려던 노동당의 경험을 돌아본 뒤 다음과 같이 썼다. "양파는 한 꺼풀씩 벗겨서 먹을 수 있지만, 살아 있는 호랑이의 가죽을 조금씩 벗겨 낼 수는 없다. 그랬다가는 호랑이한테 먼저 잡아먹히고 말 것이다."

1964~70년 집권한 노동당 정권의 총리 해럴드 윌슨은 임금 인상과 노동시간 단축을 요구하며 파업한 선원들을 공격했다. 윌슨은 이 파업을 "반反국가적 파업"이라고 맹비난하고 "정치적 동기가 있는 자들의 일사불란한 조직"이 파업을 이끌고 있다고 주장했다. 노동자들을 분열시키려는 파렴치한 마녀사냥이었다. 윌슨 정권은 복지 삭감과 디플레이션 정책을 추진해 실업률이 사반세기 만에 최고 수준으로 올랐고 노동자 대부

분의 생활수준이 크게 떨어졌다. 윌슨 정권은 노동 악법 제정의 물꼬를 트기도 했다. 외교정책도 나을 게 없었다. 윌슨은 미국 대통령 린든 존슨이 제2차세계대전 때보다 더 많은 폭탄을 베트남에 쏟아부었는데도 존슨이 "평화 정착 노력"을 기울이고 있다고 극찬했다.

1974~79년에 다시 집권한 노동당은 자기를 선출한 사람들을 더더욱 매몰차게 공격했다. 노동당 정권은 노동자들의 생활수준을 1930년대 이래 가장 큰 폭으로 떨어뜨렸다. 노동당 정권은 실업과 물가가 치솟게 만들었을 뿐 아니라, 아시아계 여성을 대상으로 '처녀성 검사'를 실시하는 등* 야비한 인종차별 조치와 새로운 반反이민법도 도입했다. 노동당 정권이 인종차별에 거듭거듭 타협하자 나치 국민전선이 성장했다.

그 뒤 1997년 토니 블레어 정권이 들어섰다. 블레어는 노동당을 더욱 오른쪽으로 몰아갔다. 그는 의식적으로 기업을 편들며 노조를 맹비난하고 노동당 정책에서 종합교육[평준화], 공영주택, 공적 소유 같은 핵

---

* 주로 결혼하기 위해 이주하는 남아시아계 여성을 검사했다. 여성이 '처녀'가 아니면 위장 결혼일 가능성이 높다고 본 것이다.

심 요소들을 송두리째 없애 버렸다. 또 미국 대통령 조지 W 부시와 동맹을 맺고 이라크 전쟁을 벌임으로써 신노동당이 기꺼이 제국주의적 학살에 가담할 태세가 돼 있음을 보여 줬다.

황금기?

제법 영리한 노동당 지지자는 "이것 참, 사실 모두 썩어 빠진 정부들이었죠. 그렇지만 1945~51년에 집권한 노동당 정권은 다르게 봐야 하지 않을까요? 그때가 노동당의 황금기였죠. 우리는 바로 그때로 돌아가야 합니다" 하고 말할 것이다. 1945년의 노동당 정권이 토니 블레어나 고든 브라운의 정권보다 훌륭해 보이는 것은 틀림없는 사실이다. 그러나 당시 노동당 정권은 매우 특수한 상황을 배경으로 등장했고 그 정권의 급진적 성격도 매우 제한적이었다. 제2차세계대전 말에 군대에서는 불만이 치솟아 반란이라도 일어날 기세였다. 이런 상황에 기득권층은 몹시 겁을 집어먹었다. 제1차세계대전 뒤 혁명적 투쟁이 번진 것을 떠

올린 것이다. 후일 헤일셤 경이 된 보수당 의원 퀸틴 호그는 1943년 의회 연설에서 다음과 같이 경고했다. "여러분이 국민에게 사회 개혁을 양보하지 않으면, 국민이 여러분한테 혁명을 안겨 줄 것입니다." 변화가 있어야 한다는 데에 모든 주요 정당이 동의했다.

노동당은 경제의 20퍼센트가량을 국유화했다. 클레멘트 애틀리 정권의 주요 업적이 된 국민보건서비스NHS가 도입돼 영국에 거주하는 모든 사람한테 무상 의료를 보장했다. 제2차세계대전이 끝난 뒤 2년 동안은 평등이 크게 증진되고 노동자의 삶이 개선되면서 이 모든 것이 노동당의 자본주의 경제 운영과 공존할 수 있는 것처럼 보였다. 그러고 나서 1947년에 경제 위기가 닥쳤다. 이것이 전환점이 돼 자본가들은 지금껏 취한 양보 조치들을 거둬들이기 시작했다. 애틀리 정권도 급진적 개혁 프로그램을 중단했고, 이후로는 제대로 된 개혁을 추진하지 않았다. 반대로 노동자들을 공격했다. 1945~51년에 정부는 파업을 무력화하려고 18차례나 군대를 투입했다. 정부는 전시에 만들어진 국가중재명령 1305호를 존속시켜서 파업을 불법화하는 데 써먹을 수 있었다.

외무 장관 어니스트 베빈은 나토 창설을 도왔다. 나토는 서방 국가들의 반공 기구로 미국을 지원하려고 만들어졌다. 1950년에 한국전쟁이 발발했을 때 영국은 미국의 개입을 도우려고 곧바로 군대를 보냈다. 노동당 정권은 전비를 마련하려고 처방전과 틀니, 안경에 본인 부담금을 부과했다. 노동당 정권은 그리스, 말레이시아, 베트남에서 일어난 민중 반란의 진압을 도왔다. 인도에서 독립 운동이 거세게 벌어지자 노동당 정권은 결국 대영제국 '왕관의 보석'을 포기해야 했다. 그러나 그들은 인도를 두 나라로 분할해 독립시켰다. 그 때문에 촉발된 주민 이주와 유혈 충돌로 100만 명이 넘는 사람이 죽었다. 애틀리는 심지어 장관들 몰래 핵폭탄 개발을 지시하기까지 했다.

이것이 바로 최상의 노동당 정권이 남긴 기록이다. 왜 그와 같이 됐을까?

노동당은 왜 실패할까

노동당은 권력이 의회에 있다고 믿는다. 그러나 진

실은 정반대다. 권력은 의회에 있지 않다. 선거로 정권이 바뀌어도 똑같은 사람이 공장과 사무실을 소유하고, 똑같은 사람이 군대와 경찰을 지휘하고, 똑같은 사람이 언론을 지배한다. 기업과 은행의 이런 선출되지 않은 경영자들은 자기 이익을 거슬러 행동하는 정부는 언제든 없애려 들 것이다. 이런 세력은 정부가 자기 뜻대로 움직이길 요구할 텐데, 경제 위기 상황에서 특히 심하다. 최근 경제 위기 때 은행들이 유럽의 각국 정부한테 혹독한 긴축정책을 단행하지 않으면 대출금리를 올리거나 자금줄을 완전히 막아 버리겠다고 협박한 것을 떠올려 보라. 모든 정부가 그들의 요구를 따랐다. 영국의 데이비드 캐머런이나 프랑스의 니콜라 사르코지 같은 우파 정권뿐 아니라, 노동당과 닮은 정당들이 집권한 그리스, 스페인, 포르투갈 정부도 마찬가지였다. 체제와 근본적으로 맞붙어 싸울 때만 그런 협박을 물리칠 수 있다.

노동당의 역사는 희망을 배반해 온 역사다. 노동당이 체제나 국가에 정면 도전하지 않으면서 변화를 이루려 하기 때문이다. 결정적 순간이 되면, 노동당은 자기 지지자들의 계급적 이익보다 '국익'을 옹호한다. 그리고 이것은 언제나 사회에서 진정한 권력을 휘두르는 지배계급의 이익을 옹호하는 걸 뜻한다. 노동당이 현재 행태와 단절하려면 자본의 지배에 도전할 수 있는 세력에 의지해야 할 것이다. 다시 말해 체제에 맞서서 노동계급의 힘을 총동원해야 한다. 그러나 이것이야말로 노동당이 거부하는 길이다.

노동당을 노동자 편으로 '되찾는 것'은 불가능하다. 노동당은 단 한 번도 사회주의를 이룰 수단이었던 적이 없다. 그러나 그렇다고 해서 노동당과 보수당이 똑같다는 뜻은 아니다. 노동당은 지금도 노조와 제휴해 조직 노동계급과 관계를 유지하고 있고 노동자들도 여전히 다른 정당보다 노동당에 압도적으로 많이 투표한다. 1997년 이후 노동당의 행태 때문에 그런 충성심에 금이 갔다. 1997~2010년에 노동당의 득표수는 500만 표나 줄었고 당원도 40만 7000명에서 16만 명으로 급감했다. 노동자 당원의 비율도 줄었다. 그러나 그런 변화로 노동당의 본질이 완전히 바뀐 것은 아니다.

노동당은 의회에서 노동조합 지도자들을 대변하려고 만들어졌다. 노조는 지금도 당에 중요한 존재지만, 노조 지도자들은 당내에서 자기들의 힘을 조금이라도 유의미한 방식으로 행사하길 몹시 주저한다. 레닌은 1920년대에 다음과 같이 지적했다. "노동당은 철저히 자본주의적 정당이다. 그 이유는 노동당이 노동자들로 이뤄져 있지만 그 지도자들은 반동적 세력, 그것도 최악의 반동적 세력이기 때문이다. 그들은 완전히 자본가계급의 정신에 따라 행동한다." 레닌은 노동당을 두고 "자본주의적 노동자 정당"이라고 말했다. 블레어와 브라운이 노동당을 자본주의적 방향으로 심하게 기울게 했지만, 노동당의 성격은 오늘날까지 똑같다. 오늘날에도 노동당 지도자들이 영향력을 행사하자면 적어도 말로라도 노동계급의 정서에 상응하는 양보를 약속해야 한다.

진지한 혁명적 사회주의자라면 자본가들과 지배계급의 공격에 맞서서, 전쟁에 반대해서, 인종차별에 반대해서, 그리고 현재 벌어지는 여러 투쟁에서 노동당 지지자들과 단결해야 한다. 그러나 노동당이 결정적 순간에는 항상 기대를 저버리고 자본주의 정책을 지지할 것임을 똑똑히 아는 것이 중요하다. 바로 그 때문에 노동당을 대신할 사회주의적 대안을 건설해야 하고 '아래로부터의 사회주의' 전통을 전파해야 한다.

투쟁의 학교

노동자가 자본가의 힘에 맞서려면 조직돼야 한다. 가장 기본적인 노동자 조직은 노동조합이다. 노동자 혼자는 약하지만, 단결해서 함께 요구하면 커다란 힘이 있다. 노조의 가장 기본적인 주장은 다음과 같은 것이다. "우리는 조직으로 뭉쳐 한목소리를 낸다. 너희가 임금을 올리지 않거나 우리가 뽑은 대표를 인정하지 않거나 정리해고를 멈추지 않으면 우리는 다 함께 일을 멈출 것이고 너희는 곤란을 겪을 것이다."

피켓라인은 바로 이런 집단적 결정과 그에 따른 집단적 규율이라는 생각으로부터 생겨났다. 피켓라인의 목적은 대체 인력이 파업을 파괴하지 못하게 저지하는 것이지만 노동자들의 민주적이고 계급적인 결정을 일터에서 관철하려는 것이기도 하다.

노조가 힘이 있으면 자본가들이 마음대로 노동자들을 서로 경쟁시키지 못하게 제약할 수 있다. 노조는 자본가가 유연성이 모자란다고 여긴 노동자를 해고하고 자기 요구에 기꺼이 맞춰 줄 사람으로 대체하지 못하게 막을 수 있다.

30년 전보다 줄긴 했지만 2010년에 영국 노동조합은 조합원이 700만 명에 이르며 여전히 크고 힘 있는 단체다. 세 주류 정당의 당원 수를 다 합해도 50만 명이 되지 않는다!

노동조합은 근본적으로 계급 조직이다. 즉, 우리는 노동자고 여기를 운영하는 너희와는 이해관계가 다르며 너희와 우리는 한배를 타지 않았다는 생각을 바탕으로 한다. 노조는 당연히 모든 노동자를 받아들여야 한다. 우리는 모든 사람이 (파시스트는 빼고) 조합원이 되길 바란다. 정치에 무관심하거나 사회주의 사상과 거리가 먼 노동자도 사측과 정부에 맞서 협상력을 높이려면 단체에 가입해야겠다고 생각할 수 있다. 그러고 나서 실제 투쟁이 벌어지면 그 노동자도 훨씬 급진적인 사상을 발전시킬 수 있다.

노조가 자본주의를 거부하는 사람이나 이데올로기적으로 순수한 사람으로 조합원 자격을 제한하려 한다면 노동자 가운데 극소수만 모을 것이다. 그리고 그런 노조는 아무 쓸모가 없다. 파업하겠다고 을러도 비웃음만 살 것이다.

사회주의자는 노동조합을 매우 중요하게 여긴다. 노조가 투쟁하고 파업을 벌일 때 노동자들이 계급사회의 실체를 깨닫기 때문에 프리드리히 엥겔스는 노조를 "전쟁 학교"라고 불렀다. 노조 가입이 가능한 사회주의자는 모두 자기 일터에서 조합원으로 활동해야 한다. 일하는 곳에 노조가 없을 때는 만들려고 시도해야 한다.

사회주의자는 노조에서 지도적 구실을 하고 노조를 대중적 투쟁 조직으로 만들고자 한다. 사회주의자는 노조가 조합원들의 이익을 지키는 데 분투하길 바라지 관료들의 관심사나 노동당의 요구를 앞세우는 걸 원치 않는다. 또 노조가 여러 투쟁을 하나로 묶는 구실을 하고 아래로부터 진정한 통제를 받길 바란다.

노동조합 투쟁은 거대한 계급투쟁으로 발전할 수 있고 첨예한 정치적 문제를 제기할 수 있다. 1972년 광원 파업은 보수당 정권에 치명타를 입혔다. 1974년 파업은 보수당 정권을 무너뜨렸다. 1984~85년 광원 파업은 (1년 동안 지속됐고 노동자 16만 5000명이 참가해) 모든 정치 쟁점을 압도했다. 그 파업은 문자 그대로 계급투쟁이었다. 1만 1000명이 넘는 광원들과 지지자들이 체포되고 200명이 구속됐다. 피켓라인을 지키던 노동자 두 명이 살해되고, 빈곤 탓에 석탄 더미를 뒤지다 청소년 세 명이 숨졌다. 이 파업으로 마거릿 대처 정권이 생사기로에 섰지만, 다른 노조와 노동당이 광원들을 엄호하지 못함으로써 영국의 노조 운동에 여러 해 동안 악영향을 미쳤다.

모든 파업은 자그마한 지역적 투쟁조차 노동자들이 자기 힘과 단결의 필요성을 자각하는 데 큰 도움이 된다.

현장조합원

노조는 이처럼 중요한 구실을 하지만 모순적 조직이다. 노조는 사용자에 맞서 노동자의 이익을 대변하지만, 자본주의 구조 안에서 그렇게 한다. 노조는 임금 인상과 노동조건 개선을 요구하지만, 사용자와 협상을 통해 그렇게 한다. 노조는 고용주의 '권리'를 인정한다. 그래서 노조는 더 나은 세상을 지향하지만 이 세상에도 뿌리박고 있다.

사회에서 가장 중요한 분열은 생산수단을 소유·통제하는 사람과 그러지 못하는 사람 사이의 분열이다. 이런 분열(지배계급과 노동계급의 분열)이 근본적이다. 어떤 산업 투쟁이든 우리의 태도는 특정 부문의 이해관계가 아니라 노동계급 전체의 정치적 이익으로부터 출발해야 한다. 그러나 다른 두 가지 중대한 분열이 있다. 바로 노동조합 상근간부와 현장조합원 사이의 분열과 상근간부 속에서 좌파와 우파 사이의 분열이다.

노동조합 상근간부층은 전임 간부들로 이뤄지고 노조 직책으로 생계를 꾸린다. 이들의 사회적 지위는 평조합원들과 다르다. 사회주의노동자당swp 창설자인 토니 클리프는 이를 두고 "상근간부는 사회의 두 주요 계급(사용자와 노동자) 사이에서 균형을 유지한다. 노동조합 상층의 간부는 사용자도 노동자도 아니다" 하고 썼다.

노조 상층의 인사들은 자기가 대표하는 사람들보다 훨씬 많은 돈을 받는다. 독보적으로 많이 받는 사람은 영국프로축구선수협회 회장인 고든 테일러로 85만 파운드[14억 원]의 연봉을 받는다(그렇지만 다른 노조와 달리 그보다 많이 받는 선수도 상당히 많다). 그러나 많은 노조 위원장은 기본급 10만 파운드[1억 7000만 원]를 받고, 다른 수당들도 챙긴다. 상층 간부는 조합원과 달리 고용 불안이나 일터의 업무 스트레스에 시달리지 않는다. 노조 간부가 공장 폐쇄를 두고 협상해도 그 자신은 일자리를 잃지 않는다. 그는 관리자의 매서운 눈초리를 등 뒤에서 의식하며 스트레스 받을 일도, 병가를 "너무 많이" 낸다고 핀잔 들을 일도 없다.

이 모든 게 노조 간부를 타락하고 부패하게 만든다. 그러나 노조 간부가 온건해지는 주된 이유는 직접 뇌물을 받거나 편한 삶을 살아서, 국회의원 자리를 노려서가 아니다. 노조 상근간부층이 노사 협력을 추구하는 이유는 그들의 사회적 구실에서 비롯한다. 노조 간부는 노동자와 사장 사이에 타협이 이뤄지도록 교섭하는 구실을 한다. 그는 노동자와 사장이 생기는 체제를 없애려 하지 않는다. 노조 상근간부는 "자본가계급의 노동 부관이다."

노동운동 초기에 우파 인사들은 바로 그런 의미로 노조 상근간부를 칭송했다. 시드니 웨브와 비어트리스 웨브는 1860년대에 다음과 같이 썼다.

[이 시기에] 노동조합의 지도부가 이따끔 나타나는 열정가와 무책임한 선동가에서 뛰어난 업무 능력 덕에 조합원 속에서 특별히 뽑힌 유급 상근간부 계급으로 바뀌었다. … 조합원과 사용자 사이의 쟁의는 어떤 것이든 상근간부의 일거리를 늘리고 근심거리를 보탤 뿐이다. … 파업에 따른 힘들고 달갑잖은 일을 자기도 모르게 꺼리게 되면서 조합원들의 요구에 별로 공감하지 않게 되고, 결국 조합원 대다수가 원치 않는 조건으로 타협을 중재한다.

20세기 초 영국의 위대한 노동계급 투사 가운데 한 명인 J T 머피는 다음과 같이 썼다.

이제 현장에 있는 사람과 전임 간부로 있는 사람의 관점을 비교해 보자. 현장 노동자는 변화에 민감하다. 일터의 분위기가 곧바로 그의 정서를 좌우한다. 자신의 노동조건이 무엇보다 중요하다. 노동조합 규약은 부차적이고 때로 현장과 많이 동떨어져 있다.

같은 사람이 상근간부가 됐다고 생각해 보자. 그는 현장을 떠나 새로운 계층의 사람들을 만나고 전혀 다른 분위기 속에서 살아간다. 과거에 중요했던 것들이 이제 부차적인 것이 된다. 노조 규약에 파묻히기 시작하고 필연적으로, 과거에 중요하게 여기던 것들을 새로운 관점으로 바라본다. 이것은 그가 냉담해지거나 부정직해지거나 노동자의 이익을 최우선으로 삼지 않기 때문이 아니라, 새로운 요소들의 영향을 받아 관점이 바뀐 탓이다.

노동조합 상근간부층은 뚜렷이 구별되고, 근본적으로 보수적인 사회계층이다. 한 세기 전에 독일 혁명가 로자 룩셈부르크는 노동조합 조직에 대한 상근간부의 견해가 점차 어떻게 변질되는지를 다음과 같이 썼다. 조직은 수단에서 "목적 그 자체로, 소중한 것으로 바뀌고 이 목적에 투쟁의 이해관계도 종속된다. 이 때문에 노동조합의 안정을 크게 해치거나 위태롭게 할 만한 것들을 회피하고 공공연히 평화를 요구하게 되기도 한다."

노동조합 지도자는 좌파든 우파든 때때로 노동자들이 투쟁하도록 고무한다. 노조 간부들은 노동자의 저항과 조합원의 투지 없이는 자본가한테 아무 영향력도 행사할 수 없고 따라서 일자리를 잃을 것이다. 사회주의자가 자기 노조 지도자한테 투쟁을 이끌도록 압력을 넣는 것은 중요하다. 그리고 노조 지도자들이 투쟁을 이끌거나 아래로부터의 압력에 밀려 투쟁에 나서게 됐을 때, 활동가는 지도자들과 협력해서 투쟁을 건설하고 지원해야 한다. 노조 지도자들이 긴축 정책에 반대하는 투쟁이나 공동 행동을 호소하고 파시즘이나 전쟁에 반대하는 운동을 지원할 경우 이런 문제들을 현장에서 제기하기가 쉬워진다. 그리고 노조 지도자들이 노조들의 공동 행동을 호소할 경우 그런 사상을 운동 속에서 대중화하는 데 도움이 된다.

또한 사회주의자는 동료 노동자들을 이끌려고 애써야 한다. 그러기 위해서 주장을 펼치고 모범을 보일 뿐 아니라 현장위원이나 대의원 같은 노조 직책(현장에 계속 기반을 두는 평조합원 대표)을 맡을 수도 있다. 때때로 노조의 높은 직책을 맡거나 심지어 중앙 집행부의 일원이 되는 것이 유용할 수도 있다.

그러나 상층 간부들은 법을 어기거나 정부와 정면 충돌하지 않도록 투쟁을 엄격히 제한해야 한다고 흔히 생각한다. 간부들은 가장 전투적인 조합원들한테 다른 조합원들은 투쟁에 무관심하거나 반동적이라고 얘기한다. 노조 간부들은 '단결'을 바라는 노동자들의 본능에 호소하지만 그것은 연대를 확대하는 것이 아니라 투쟁을 제한하려는 목적에서다.

좌우파 노조 지도자 사이에는 중대한 차이가 있다. 좌파는 투쟁을 고무하고 파업 중인 조합원을 방어하는 데 훨씬 적극적이다. 사회주의자는 노조 직책에 우파보다는 좌파가 선출되도록 노력해야 한다. 그러나 좌파도 모든 노조 지도자가 받는 압력에 똑같이 영향을 받고 최상의 좌파 지도자조차 다른 노조 지도자들과 공개적으로 단절하는 것이나 노총 또는 자기 노조 안의 다른 간부들을 비판하는 것을 꺼린다. 핵심은 노조 직책이 없는 평조합원(즉 현장조합원)을 조직하는 것이다. 현장조합원 네트워크는 노조 지도자들한테 압력을 넣을 수 있고 다른 노동자들의 지지를 조직할 수 있다.

1915년 글래스고에서 파업이 확산됐을 때, 클라이

드노동자위원회는 이런 태도를 다음과 같이 잘 주장했다. "우리는 간부들이 노동자들을 올바로 대변하는 한 간부들을 지지할 것이다. 그러나 그러지 않으면 곧바로 독자적 행동에 나설 것이다."

독자적으로 행동하려면 미리 대비해야 한다. 그러려면 현장에 뿌리박고 동료 노동자들의 신임을 받는 활동가들의 네트워크를 만들어야 한다. 클라이드노동자위원회는 그런 생각을 다음과 같이 주장했다. "모든 작업장에서 파견한 대표로 구성되고 낡은 규약과 규칙에 구속받지 않는 우리는 노동자들의 진정한 정서를 대변한다. 우리는 사안의 중요도와 현장조합원들의 요구에 따라 즉각 행동에 나설 수 있다."

그러나 현장조합원 전략만으로는 충분치 않다. 클라이드노동자위원회와 당시의 더 광범한 현장위원 조직들은 정치적 문제들(특히 제국주의적 제1차세계대전 같은 문제)에 제대로 대처하지 못해 더 발전하지 못했다.

오늘날 우리한테는 전투적인 현장 투쟁과 혁명적 정치를 하나로 묶을 매우 정치적인 노동조합 운동이 필요하다. 물론 임금, 일자리, 연금, 노동조건을 지키기 위해 싸워야 한다. 그러나 인종차별, 성차별, 전쟁, 기후변화 같은 쟁점도 제기해야 한다. 그리고 긴축정책에 맞서 싸울 때는 일자리를 지키려고 싸울 뿐 아니라 노동자들이 경제 위기의 대가를 대신 치러서는 안 된다고 주장하고 노동자 대중의 삶을 지탱해 온 공공 서비스도 방어해야 한다.

로자 룩셈부르크는 경제투쟁과 정치투쟁이 긴밀히 결합한다고 주장했다. 룩셈부르크는 《대중파업》에서 다음과 같이 썼다. "양자 사이에는 가장 완벽한 상호작용이 존재한다. … 정치 행동의 고양 뒤에는 언제나 기름진 퇴적물이 남아 수많은 경제투쟁의 싹을 틔운다. 그 역도 마찬가지다. 자본에 맞서는 노동자들의 끊임없는 경제투쟁은 정치투쟁의 휴지기마다 노동자들을 버티게 해 준다." 바로 그와 같은 이해가 오늘날 정치적 노동조합 운동에 꼭 필요하다.

단결이야말로 우리의 힘이다

노동계급이 단결을 바라는 것은 매우 실제적인 필요 때문이다. 즉 집단적 힘이야말로 우리의 유일한 실질적 힘이다. 카를 마르크스와 프리드리히 엥겔스는 1848년 《공산당 선언》에서 다음과 같이 썼다. "공산주의자는 다른 노동계급 정당들과 대립하는 별도의 당을 결성하지 않는다. 공산주의자는 노동계급 전체의 이해관계와 동떨어진 독자적 이해관계를 갖지 않는다."

같은 책에서 그들은 다음과 같이 주장하기도 했다.

공산주의자는 실천에서 각국 노동계급 정당 가운데 가장 선진적이고 굳건한 부분이며 다른 모든 부분이 전진하게끔 밀어붙이는 부분이다. 이론에서 공산주의자는 노동계급 운동의 진로와 조건, 최종적이고 전체적인 결과를 노동계급 대중에 비해 더 명확히 이해한다는 장점이 있다.

이 구절들은 '공산주의자'가 표방하는 겉보기에 모순된 두 가지 전망을 보여 준다. 공산주의자는 광범한 노동계급의 일부이자 **구분되는** 일부여야 하며, 다른 모든 이들이 전진하게끔 밀어붙이는 구실을 해야 한다. 이 두 가지 구실을 일치시키려 노력해 온 것이 혁명적 사회주의 단체의 역사였다. 그러려면 두 가지 함정을 피해야 한다. 첫째 위험은 흔히 '종파주의'라고 불리는 것이다. 종파주의는 자기와 광범한 노동계급을 차별화하는 데서 출발해, 현실 운동에서 비켜선 채로 그저 바깥에서 노동자들이 여러 잘못된 믿음을 가지고 있다거나 전술적 오류를 저지른다고 잔소리를 늘어놓는 걸 뜻한다. 둘째 오류는 운동에 용해된 채, 어려운 과제의 제기나 힘들게 얻은 역사적 교훈을 적용하려는 노력을 회피하는 것이다.

트로츠키와 공동전선

러시아 혁명가 트로츠키는 이 문제에 관해 많은 글을 남겼다. 1920~30년대에 파시즘이 만만찮은 세력으로 등장하자 그 문제는 특히 첨예한 현안이 됐다. 파시즘에 맞서 어떻게 단결할 것인지가 운동의 사활을 결정할 한 가지 요소였다. 많은 노동자가 단결해서 싸우고 싶어 했지만, 혁명적 사회주의자들은 노동계급의 소수만 조직했다. 그들만으로도 조그만 투쟁을 이끌 수는 있었지만, 여전히 개혁주의 지도자들한테 의지하던 압도 다수의 노동자들을 동원할 수는 없었다.

트로츠키는 혁명가들이 파시즘의 부상에 맞서 싸우는 데 동의하는 모든 사람과 '공동전선'을 펴야 한다고 제안했다. 공동전선은 사회주의를 위한 투쟁에 헌신하는 혁명가들과 (오늘날의 노동당 지지자들처럼 자본주의가 쉽게 개혁될 수 있다고 믿는) 개혁주의자들이 한데 모이는 걸 뜻했다.

트로츠키는 단결을 진지하게 호소하려면 단지 기층 대중한테 호소하는 것만으로는 부족하다고 봤다. 개혁주의 단체의 지도자한테도 투쟁에 동참하라고 요청해야 한다. 그 이유를 트로츠키는 다음과 같이 썼다. "사회민주주의[개혁주의 — 지은이] 노동자의 압도 다수가 파시스트에 맞서 싸울 테지만, 적어도 당분간은 자기 조직과 함께 그런 투쟁을 할 것이다." 혁명가들은 노동당이나 노동조합 지도자를 참가시키려 진심으로 애써야 한다. 그러면 이 개혁주의 지도자들이 요청을 받아들여 노동자들의 더 큰 단결 투쟁으로 발전하거나, 그들이 요청을 거부해 개혁주의 지지자들이 혁명가들이야말로 운동을 건설하는 데 진정으로 헌신하는 사람들임을 깨닫게 될 것이다.

그러나 단결이 정치를 내팽개치라는 뜻은 아니다. 노동계급 투쟁 안에서는 사상투쟁이 벌어지고 최상의 전술이 무엇인지를 두고 논쟁이 있기 마련이다. 혁명가들은 아래로부터 노동자의 힘을 바탕으로 가장 전투적인 투쟁 방식을 추구하지만, 개혁주의자들은 위로부터 협상을 바탕으로 불필요한 타협을 추구할 것이다. 그래서 혁명가들은 공동전선 안에서 독립성과 조직력을 유지하고 자신의 사상을 주장해야 한다. 혁명가들은 광범한 세력과 협력하면서도 노동자들을 혁명적 사상으로 설득하려 애써야 한다. 매우 간단해 보이지만, 둘 사이의 균형을 맞추기는 꽤 어렵다.

오늘날의 공동전선

트로츠키의 조언은 우리 시대의 투쟁에도 유용한 출발점이 된다. 오늘날 혁명가들은 혁명에 한참 못 미치는 요구들을 내건 여러 운동에 참가한다. 이런 싸움을 거쳐야만 노동자들은 세상을 바꿀 자신감을 가질 수 있다. 그리고 혁명가들이 그런 투쟁에서 다른 노동자들과 협력해야만 다수를 자기편으로 설득할 수 있다. 트로츠키가 제안한 기본적 방법론은 오늘날에도 여전히 타당하다.

자기 지역에서 운동을 건설해 본 사람이라면, 파시즘의 부상에 반대하는 운동이든 긴축정책이나 전쟁에 반대하는 운동이든, 노동당 의원, 유명한 노동조합 활동가를 연단에 세우면 사람이 더 많이 모인다는 것을 경험으로 안다. 혁명가들의 바람과 무관하게, 많은 사람들이 개혁주의에 환상을 품고 있기 때문이다. 사람들을 설득해 이런 환상에서 벗어나게 할 수 있지만, 그러려면 혁명가들이 대중과 함께 투쟁하며 토론하고 논쟁해야 한다. 노동자 대중을 집회장에 불러들여야, 그들이 혁명적 사상을 받아들이도록 설득해 볼 수 있다. 혁명가들이 개혁주의적 환상에 물들지 않은 사람들하고만 협력하려 든다면 아무도 설득할 수 없을 것이다.

당연히 노동당 지도자들도 바보가 아니기에 사람들을 자기 견해로 설득하려 들 것이다. 사회주의자는 노동계급이 단결해 행동해야 함을 누구보다 확고하게 주장해야 하지만, 그런 단결이 이뤄진 뒤에 벌어질 사상투쟁에서도 가장 명료한 주장을 펴야 한다.

트로츠키는 그를 두고 다음과 같이 썼다.

우리는 비판하고 선동할 자유를 제한하는 조직적 협약은 어떤 것이든 결코 받아들일 수 없다. 우리는 공동전선에 참여하지만 단 한순간도 공동전선에 용해돼서는 안 된다. 우리는 공동전선 안에서 독립적 파견부대 노릇을 한다. 투쟁에 참가하면서 광범한 대중은 우리가 다른 이들보다 더 효과적으로 싸운다는 것, 우리가 다른 이들보다 더 명확히 사태를 이해하고 있다는 것, 우리가 더 대담하고 단호하다는 것을 경험으로 알게 될 것이다.

07

"그런 일은 결코 일어나지 않을 거야 …"

자본주의가 가장 잘하는 일 하나는 자기를 자연스런 체제, 다시 말해 결코 바꿀 수 없는 어떤 것으로 보이게 만드는 것이다. 역사의 어느 단계에서는 달리 대안이 없을 수 있었다. 중세 영국에 살던 농부나 영주한테 기성 질서를 대체할 대안이 있지 않냐고 물어본다면 아마도 당혹스런 표정으로 당신을 쳐다볼 것이다. 자본주의에서 우리는 힘없고 고립된 개인들에 불과하다고, 즉 한낱 상품 소비자이자 일자리 시장에서 경쟁하는 소모품 임금 노예에 불과하다고 믿게끔 교육받는다. 학교는 우리에게 복종과 질서를 가르친다. 학교교육에서는 문제를 여럿이 협력해서 푸는 것보다 시험을 쳐 개별적으로 성적을 가리는 것에 우선순위를 둔다.

학교를 졸업하면 우리는 대체로 순전히 경제적 필요성 때문에 돈벌이할 일자리를 구해야 한다. 매일 아침 우리는 똑같은 이유로 일하러 나간다. 사람들에게 노동은 대체로 의미 없는 고역일 뿐이다. 우리는 우리가 생산하는 것이나, 그것을 생산하는 방식, 다른 사람과 맺는 관계를 통제하지 못한다. 우리는 늘 처지를 개선하고 싶으면 열심히 일하고 저축하고 창의적으로 생각하라는 얘기를 듣는다. 그러나 이런 충고는 사람들이 대개 경험하는 현실과 전혀 들어맞지 않는다.

이런 조건에서 사람들은 대체로 세상을 바꿀 힘이 없다고 생각하고, 세상을 바꾸길 간절히 바라는 경우에도 기껏해야 자신들을 대신해 위로부터 이뤄지는 단편적 개혁에 의지할 뿐이다. 이뿐 아니라 사람들은 자신들의 이해관계에 완전히 반하는 구실을 하는 사상을 곧잘 받아들인다. 부조리하거나 비인간적으로 보이는 세상에서는 인종차별이나 성차별 사상, 민족주의, 자유 시장 숭배 같은 사상이 우리의 경험을 어느 정도 설명해 주는 것처럼 보일 수 있다. 과거의 승리들은 기억에서 점차 사라지고 각각의 패배가 과장돼 세상에 대한 우리의 인식을 강화한다. 이런 상황은 도대체 어떻게 바뀔 수 있을까?

모순된 의식

다행히도 지금까지 한 얘기는 전체 그림의 절반일 뿐이다. 이탈리아 사회주의자 안토니오 그람시는 노동자들의 머릿속에 두 가지 생각(또는 하나의 "모순된 의식")이 있다고 주장했다. 노동자들은 자신이 처한 조건 때문에 언론과 교육제도, 정치인들, 여타 권위자들이 뒷받침하는 세상에 대한 '상식'적 생각들을 곧잘 무비판적으로 받아들인다. 이것이 이야기의 결말이라면 자본주의에 저항하는 것은 절대로 불가능할 것이다. 그러나 그람시는 노동자에게 "자신의 활동"에 기초하고 "실제로 동료 노동자와 단결해서 현실 세계를 변혁하는 실천에 나서게 만드는" 또 다른 생각들도 있다고 지적했다. 이런 생각들은 상식과 대비되는 '양식良識'으로 발전했다. 공동 투쟁과 초보적 연대 활동, 동지애도 세상에 대한 우리의 인식에 영향을 미칠 수 있고·'상식'적 생각들과 충돌한다.

의식은 어떻게 바뀔까

어느 쪽이 이길까? 상식일까 아니면 양식일까? 때때로 의식은 매우 빨리 바뀔 수 있고 그런 변화가 매우 많은 사람들 사이에서 일어날 수 있다. 이런 일이 일어나는 첫째 이유는 우리가 사는 체제가 극단적으로 빠르게 변동하기 때문이다. 그런 변화로 여러 사회가 무시무시한 속도로 산산조각 나고 재구성되며 많은 사람의 삶이 불안정한 처지에 놓이게 된다. 그러나 체제 또한 위기에 빠질 수 있다. 체제가 제공해야 할 기본적인 것들, 적어도 부유한 나라들에서 보장하던 기초 복지, 안정된 일자리 같은 것조차 사라질 수 있다. 이런 일이 벌어지면 사회 꼭대기에 앉은 자들의 사상도 갑작스레 혼란에 빠진다. 지배계급 분파들, 과거 기본적이고 공통된 사상을 중심으로 뭉쳤던 자들이 갑자기 심각한 싸움을 벌일 수 있다. 꼭대기에서 충돌이 벌어지면 새롭고 더 급진적인 사상이 나타날 빈틈이 생긴다.

이런 조건에서 한 시대의 상식에 균열이 생기고 과거 폭넓게 수용되던 많은 생각에 의문이 제기될 수 있다. 사람들이 자신이 처한 상황을 새로운 방식으로 이해해 보려 하면서 갑작스레 사회주의자들, 그리고 대안을 제시하는 누구든 청중을 늘릴 수 있다.

그러나 의식 변화가 실제로 확고히 자리 잡으려면 다른 무언가가 필요하다. 바로 집단적 활동이다. 정치 활동에 참여한 많은 사람에게 첫 시위 경험은 깨달음과 같은 것일 수 있다. 그들은 신문이나 텔레비전을 보며 불평을 늘어놓던 힘없는 개인에서 갑작스럽게 세상을 바꾸려는 집단의 일부가 된다. 또 처음으로 국가의 폭력을 목격하고 경찰의 진짜 구실을 이해할 수도 있다. 파업을 벌이고 규찰 활동을 하면서 사람들은 갑작스레 자신에게 힘이 있음을 느낀다. 즉 자신들의 집단적 힘을 사용해 진정한 변화를 일굴 수 있음을 깨닫는다. 그런 투쟁들이 승리를 거두기 시작하면 훨씬 더 다양한 집단의 사람들이 과거의 믿음에 의문을 품기 시작할 수 있다.

평상시에는 대중이 무관심하다고 치부하는 게 패나 그럴듯하게 들릴 수 있다. 주류 사상을 거부하고 사회주의 정치 활동에 참여하기 시작한, 그러면서도 다른 사람들은 왜 그렇게 순진하고 시야가 좁은지 이해하지 못하는 사람들이 특히 그런 생각에 강하게 끌린다. 사람들이 무관심하다는 통념은 특정 시점에는 세상을 설명하는 듯이 보일 수 있지만, 갑작스레 일어나는 변화는 설명할 수 없다.

사실 많은 사람이 자신의 창의력과 열정을 이런저런 취미와 오락 활동에 쓰거나 자신의 에너지를 자기와 자기 가족의 삶을 더 좋게 만드는 데 온통 쏟아붓는다. 더 많은 이는 일하느라 완전히 진이 빠져서 그저 머리를 몇 시간이라도 쉬게 할 거리(술을 마시거나 형편없는 방송 프로그램을 보는 것 같은 심심풀이)를 찾는다. 대다수가 진정한 변화가 불가능하다고 믿는 상황에서는 아주 당연한 일이다. 그러나 투쟁이 벌어지면 그냥 허비하거나 다른 데 쏟던 힘과 창의력을 갑작스레 다른 모습의 미래를 만드는 투쟁에 죄다 쏟아부을 수도 있다.

08
왜 혁명인가

투쟁은 어떻게 혁명으로 발전하는 것일까? 혁명은 혁명가 집단의 의지로 발생하는 게 아니다. 혁명은 엄청나게 많은 사람들, 대체로 과거에는 그런 문제를 결코 생각해 본 적 없는 사람들이 정치 무대의 한복판에 나설 때 발생한다. 러시아의 1917년 2월 혁명은 장시간 노동과 저임금에 신물이 난 여성 섬유 노동자들이 벌인 파업에서 시작됐다. 파업 노동자들은 공장 창문에 눈덩이를 던져 다른 노동자들을 대열에 동참시켰다. 이 운동은 강력하게 발전해 차르 독재를 무너뜨렸다.

그런 사건은 많은 노동자들이 갑작스레 자기가 원하는 것을 스스로 쟁취해야겠다고 결심할 때 일어난다. 사태가 이렇게 변화하면 변혁 운동을 건설해 온 사람들도 다른 사람들과 마찬가지로 대개 깜짝 놀란다.

레닌은 사람들의 행동에 이런 변화가 일어나려면 두 가지 요소가 필요하다고 지적했다. 첫째, 평범한 사람들의 생활과 노동 조건이 참기 힘든 지경에 이르러야 한다. 이는 사람들이 완전히 궁핍한 처지에 놓여야 한다는 뜻이 아니라, 사람들이 더는 체제가 자신들의 기대를 충족시켜서 삶을 참을 만한 것으로 여기게 할 어떤 것을 제공한다고 생각하지 않게 된다는 뜻이다. 둘째 요소는 경제적·정치적 위기다. 심각한 위기는 단지 사회 밑바닥 사람들만 괴롭히지 않는다. 위기는 지배계급도 심각한 위기에 빠뜨려서 그들이 사회에 대한 지배권을 유지하기가 녹록지 않게 된다.

사회 꼭대기에서 균열이 나타나기 시작하면 밑바닥 사람들은 더욱 자신감을 얻어서 전투적 행동에 나서고 급진적 요구를 내세운다. 아래로부터 운동이 성장하면 사회 꼭대기에 더 많은 논쟁과 균열을 촉발할 수 있다. 혁명적 상황 또는 때때로 '준準혁명적' 상황이라고 불리는 것은, 레닌에 따르면 "하층계급이 옛날 방식대로 살길 바라지 않고 상층계급도 옛날 방식대로 살아갈 수 없을 때" 시작된다.

20세기 전반기에 자본주의는 전쟁과 경제 위기를 거치며 거듭거듭 그런 상황에 봉착했다. 21세기에 들어서서도 자본주의는 또다시 그런 상황을 만들어 내고 있다. 생산과 금융이 무정부적으로 세계화되고, 2008년부터 엄청난 경제 위기가 전 세계를 휩쓸고, 자본주의가 그런 위기의 대가를 노동자들이 치르게 하려 애쓴 탓이다.

그러나 모든 준혁명적 상황이 사회주의 혁명의 성공으로 마무리되는 것은 아니다.

어마어마하게 많은 사람들이 대규모 파업과 자생적 반란을 겪으며 갑작스레 정치 생활에 뛰어들면 토론과 논쟁이 유례없는 수준으로 촉발된다. 단일하고 자생적으로 보이던 운동이 세 경향으로 구체화된다(정당이라는 이름을 쓰지 않을 수도 있지만 사실은 세 정당이다). 바로 혁명적 경향, 반동적 경향, 그리고 둘 사이에서 줄타기를 시도하는 개혁주의 경향이다.

혁명이 정점에 이르면 항상 전진과 후퇴의 기로에 서게 된다. 혁명이 시작될 때는 혁명 정당이 필요치 않을 수도 있지만 혁명이 승리하려면 혁명 정당이 절

대적으로 필요하다. 개혁을 옹호하는 사람들이 노동
계급 안에서 우세하면 혁명의 추진력이 사라져 버릴
수 있다. 그 대가는 단순히 기회를 잃는 정도에 그치
지 않는다. 지배계급은 혁명을 분쇄하는 데 도움이 될
모든 기회를 활용하려 들 것이고 제 맘대로 부릴 수
있는 온갖 야만적 수단을 사용할 것이다. 지배자들이
사용하는 주된 무기는 바로 자신들의 국가다.

국가기구

사회주의에 대한 흔한 통념 가운데 하나는 모든 것
을 국가가 운영할 것이라는 생각이다. 다시 말해 우리
삶의 모든 측면이 교사, 고용지원센터 공무원, 정부
관리의 통제를 받게 된다는 것이다. 사실 이보다 진실
과 거리가 먼 얘기도 없다.

정부가 손에 잡히는 모든 것을 가차없이 민영화할
때, 사회주의자는 진정한 공적 책임과 통제 수준이 미
약한 경우에조차 산업과 서비스의 공적 통제를 유지
하라고 요구한다. 아이들을 맥도날드 햄버거가 운영하

는 학교에 보내는 것보다는 교육청이 운영하는 공립 학교에 보내는 것이 낫기 때문이다. 그러나 완전한 의미의 사회주의는 국가에 대항하고 궁극적으로 그것을 폐지하는 것이다.

자본주의 국가는 누구든 자기가 원하는 대로 통제하고 강제할 수 있는 민주적 기구가 아니다. 국가는 바로 변화를 막으려고 고안된 위계적 구조물이다. 초기 인류 사회에는 국가가 전혀 존재하지 않았다. 소수가 스스로 노동 의무에서 벗어나 최초의 지배계급을 형성하는 것이 가능할 정도로 생산이 발전했을 때 비로소 국가가 필요해졌다. 국가는 중립적 기관처럼 보이고 계급사회 위에 동떨어져 있는 듯하지만, 사실 지배계급이 다수에 대한 지배를 유지하려고 이용하는 수단이다. 예를 들어 자본가들의 지배를 확립한 과거 혁명들은 더 집중화되고 강력한 국가기구를 창출했지만, 국가의 구실(계급 지배를 유지하는 것)은 똑같았다. 국가를 두고 엥겔스는 "화해 불가능한 계급 대립의 산물"이라고 썼다.

자본주의 국가는 노동계급에게 완전히 적대적이다. 국가기구에는 대기업과 지배계급의 권력이 침투해 있다. 국회의원들은 늘 기업인들과 가까이 지낸다. 그리고 장관 자리를 그만둔 뒤에는 흔히 민간 기업에서 돈벌이하기 좋은 일자리를 구한다. 예를 들어 영국의 전 국방 장관 존 레이드는 의원 재직 중에 세계에서 가장 큰 경비업체의 자문직을 맡았다. 그 회사는 존 레이드를 자문으로 받아들인 뒤 몇 주 만에 국방부에서 커다란 계약을 따냈다. 이마저 토니 블레어에 비하면 아무것도 아니다. 토니 블레어는 미국 투자은행 제이피모건, 취리히파이낸셜서비스, 쿠웨이트 정부 등으로부터 엄청난 돈을 닥치는 대로 받아 챙겼다. 그러나 이것은 훨씬 더 심각한 문제에서 비롯한 증상의 하나일 뿐이다.

국가는 민주적 외양을 갖추고 있지만 그마저 아주 얄팍하다. 우리는 국회의원과 지방의원을 투표로 선출할 수 있고, 그것은 투쟁해서 따낸 중요한 권리다. 그러나 국회의원은 자기를 선출한 사람들한테 전혀 책임을 지지 않는다. 2010년 영국 총선 때 대학생 수십만 명이 등록금 인상에 반대하겠다고 분명하게 공약한 자유민주당에 투표했다. 총선 며칠 뒤 자유민주당은 보수당 중심 연정에 참여했고 등록금을 세 배로 인상하는 법안을 받아들였다! 5년 뒤 선거에서 심판하면 된다고 하지만, 그때쯤이면 이미 변화를 되돌리기에는 때늦을 것이다. 의회 민주주의의 역사는 국회의원들이 선거 때 약속한 것을 어긴 그런 사례들로 온통 점철돼 있다.

국가기구를 형성하는 것은 경제적으로 지배적인 계급(공장, 은행, 사무실 등을 소유하고 통제하는 계급)이다. 지배계급의 국가는 '질서'를 창출한다. 그 질서는 부자와 권력자가 사회 대다수를 착취할 권리를 보장하고, 정부가 다수의 바람을 무시하고 제국주의 전쟁을 시작할 수 있는 권리를 보장하고, 법원이 시청료를 납부하지 못한 여성을 가둘 권리를 보장하고, 인종차별적 경찰이 흑인 청소년들을 괴롭힐 권리를 보장한다. 국가의 토대는 항상 폭력이며, 그런 폭력은 다른 국가를 겨냥할 수도, 억압에 저항해 반란을 일으킨 자국민을 겨냥할 수도 있다. 사실 국가는 사회에서 유일하게 폭력을 '합법적'으로 사용할 수 있다. 로자 룩셈부르크 이것을 다음과 같이 설명했다.

만약 한 '자유 시민'이 강제로 다른 사람에게 끌려가 한동안 답답하고 불편한 방에 감금된다면, 누구나 곧

폭력 행위가 자행됐다고 인식할 것이다. 그러나 그 과정이 형법이라 불리는 것에 근거해 이뤄지고 문제의 방이 감옥이라면, 모든 사태는 즉각 평화적이고 합법적인 것이 된다. 어떤 사람이 다른 사람한테서 자신과 가까운 사람을 죽이라고 강요받는다면, 그것은 분명히 폭력 행위다. 그러나 그 과정이 '병역의무'로 불리자마자, 그 선량한 시민은 모든 일이 완전히 합법적이고 적절하다는 생각에 위로를 받는다. …

다시 말해, 부르주아적 합법성이라는 가리개를 쓰고 우리에게 제시되는 것은 지배계급이 의무 규범으로 승격시킨 계급 폭력의 표현에 불과하다.

국가의 핵심부에는 가장 온건한 형태의 민주적 책임조차 면제된 여러 기관과 사람이 있다. 군대의 장군들, SAS 같은 특수부대의 고위 간부들, 경찰 간부들, MI5나 MI6 같은 정보기관의 고위층, 정부의 고위 관료들, 중앙은행 임원들, 판사들이 바로 그런 자들이다.

국가는 어떤 정부보다도 훨씬 오래 지속된다. 집권당은 매번 바뀌지만, 국가기구는 유권자의 견해에 관계없이 굴러간다. 고위 정치인들이 때때로 국가 내부의 핵심 세력의 신임을 받는 인물들일 수도 있지만 그렇지 않은 경우에는 선출된 정치인들을 제쳐 버리기도 한다. 1964년에 영국은행 총재는 노동당 정권 총리 해럴드 윌슨에게 경제정책을 결정하는 것은 정부가 아니라 재계라고 말했다.

극단적인 경우 지배계급은 국가를 이용해 의회 민주주의 자체를 없애려 들 수 있다. 그것이 바로 1973년 칠레에서 살바도르 아옌데의 개혁 정부가 맞이한 운명이었다. 아우구스토 피노체트가 재계와 미국 정부의 지원을 받아 쿠데타를 일으켜 아옌데 정권을 전복했다. 아옌데는 의회 제도 안에서 개혁을 수행하기로 결심했고 군부가 헌법을 지킬 것이라고 믿었다. 그러나 칠레의 진짜 지배자들은 생각이 달랐다. 민주주의가 걸리적거리는 상황이 되자 그냥 없애 버린 것이다. 군부독재가 들어서서 칠레를 17년간 통치했고, 부자와 권력자한테 대단히 유리한 경제정책을 시행했다.

레닌은 의회의 실체를 다음과 같이 정확히 표현했다. "어떤 의회제 국가든 국가의 실무는 막후에서 이뤄지고, 각 정부 부처와 기관, 참모본부에서 수행된다.

의회는 '서민'을 기만할 특별한 목적으로 공리공론만 일삼을 뿐이다."

레닌은 이에 덧붙여 영국에서 누리는 것과 같은 민주주의가 "위대한 역사적 진보이긴 하지만, 그것은 언제나, 특히 자본주의에서는 제한적이고, 불완전하고, 기만적이고, 위선적일 수밖에 없고, 부자들에게는 천국이지만 착취받는 사람들과 가난한 사람들에게는 함정이고 속임수일 뿐이다. … 현대 민주주의의 문명화되고 세련되고 향기로운 외관 이면에는 가난한 사람들에 대한 속임수, 폭력, 기만, 허위, 위선, 억압이 숨어 있다"고 말했다.

국가는 한 계급이 다른 계급을 억압하는 도구 노릇을 하는 조직이다. 자본주의 사회에서 국가는 결국 자본가들이 노동계급을 억압하는 수단이다. 노동당의 개혁주의자들과 달리 혁명가들은 노동계급이 자신의 목적을 위해 국가를 이용할 수 있다고 믿지 않는다.

국가를 우회하는 것(자본주의의 바다에 사회주의 섬을 만드는 것)도 불가능하다. 그런 우회를 시도하는 사람들은 두 가지 문제에 부딪친다. 첫째, 국가는 으레 자기한테 저항하는 사람들을 내버려 두지 않는다. 1994년에 멕시코 자본주의에 맞서 일어섰던 사파티스타 운동은 전 세계의 수많은 사람한테 영감을 줬다. 그러나 억압에서 자유로운 '해방구'를 만들려는 사파티스타 운동의 시도는 멕시코군이 사파티스타가 장악한 지역을 포위하면서 커다란 난관에 부딪혔다. 둘째, 자본주의에서 도피하려는 시도는 노동자의 노동으로 만든 사회의 막대한 생산력을 그냥 내버려 둔다는 뜻이다. 그보다는 이런 생산력을 접수해 인류의 필요를 충족하는 데 사용해야 한다. 그러나 이것은 필연적으로 국가와 충돌을 빚을 것이다. 이 문제를 해결할 방법은 하나뿐이다. 우리가 가장 강력한 곳에서 노동계급의 힘을 동원해야 한다. 우리가 생산을 멈추고 궁극적으로 장악할 힘이 있는 일터에서 노동계급의 힘을 동원할 수 있어야 한다.

자본주의 국가를 차지하거나 회피할 수 없다면, 그 대신 국가를 파괴하고 노동계급이 자신을 착취했던 자들을 제압하는 데 쓸 새로운 유형의 국가를 창출해야 한다. 레닌은 그 문제를 두고 다음과 같이 썼다. "우리는 국가 폐지를 목표로 삼는 문제에서는 아나키

스트와 전혀 이견이 없다. 우리가 주장하는 것은 이런 목표를 이루려면 착취자들에 맞서서 국가권력의 도구와 수단, 방법을 일시적으로 사용해야 한다는 것이다."

1917년 러시아 혁명 이후 시기에 존재했고 1871년 72일간의 파리코뮌 기간에 잠깐 존재했던 국가가 바로 이런 국가였다. 마르크스는 코뮌을 다룬 글에서 다음과 같이 썼다. 반란으로 생겨난 노동자 정부가 파리를 다스리던 시절, "보통선거는 3년이나 6년마다 지배계급의 어느 구성원이 민중을 속여 의회에서 대표 노릇을 할지를 결정하는 게 아니라 민중에게 봉사하게 됐다." 코뮌을 구성한 대표들은 노동자들 가운데 선출됐고, "언제든 소환 가능"하고 "노동자 임금"을 지급받았다. 경찰은 "코뮌의 통제를 받고 언제든 소환될 수 있는 코뮌의 공직자가 됐다."

이런 짧은 경험은 가능성을 힐끗 보여 준 데 불과했지만, 노동자 국가가 얼마나 근본적으로 다를 수 있는지 보여 줬다. 이런 차이는 노동자 국가가 압도 다수의 민주적 통치에 기반을 두기 때문이다.

장기적으로는 이런 국가조차 차츰차츰 사라져야

할 것이다. 노동자 국가의 목적은 구질서가 회복돼 혁명을 분쇄하지 못하게 막는 것이다. 진짜 계급 없는 사회가 발전하게 되면 위계적 기구를 세워 한 계급의 이익을 다른 계급의 이익보다 우선해서 지킬 필요가 없을 것이다. 그래서 레닌은 다음과 같이 썼다. "국가가 있는 한 자유는 없다. 자유가 실현되면, 국가는 사라질 것이다."

폭력은 어떻게 봐야 할까?

혁명적 변화에 대한 흔한 반론 하나는 혁명이 폭력을 부를 것이라는 주장이다. 대체로 혁명에서 실제 폭력은 혁명을 촉발한 민중의 반란에서 발생하는 것이 아니라 권력을 회복하려는 옛 지배계급의 행동 때문에 발생한다. 지배자들은 자신들의 석유 공급처가 위협받을 때면 제국주의 전쟁을 벌이고 수많은 사람을 죽이는 일도 서슴지 않는다. 지배자들이 존재 자체를 위협받으면 무슨 일을 벌이려 들지 생각해 보라.

그렇다고 해서 후퇴해야 하는 것은 아니다. 국가기

구의 꼭대기에 앉은 자들은 상층 자본가계급과 거의 구분이 안 되지만, 국가의 결정을 수행하는 사람은 대개 노동계급 출신이다. 바로 그런 이유로 역사상 위대한 혁명들에서는 군대가 분열하고 국가기구가 마비됐다. 기성 체제의 지배를 존중하는 한 모든 게 괜찮을 것이라는 상투적인 말을 사회주의자들이 늘어놓지만 않는다면 말이다.

평범한 사람들이 폭력을 염려하는 것은 매우 순수한 동기에서 비롯한 것이다. 다른 세상을 바라는 사람은 지금 세상에서 벌어지는 고질적 폭력도 혐오한다. 그러나 지배자들이 폭력을 비난한다면 그것은 그저 명백한 위선일 뿐이다. 바로 이런 자들이 100만 명의 민간인을 죽인 부시와 블레어의 이라크 전쟁을 지원했고 아프가니스탄에서 벌어진 학살을 지지했다. 이자들은 이스라엘의 계속되는 팔레스타인 억압을 지원한 자들이자 매일 수만 명이 충분히 피할 수 있는 기아와 질병으로 죽어 가게 만드는 체제를 옹호하는 자들이다.

불행히도 평화주의로는 그런 체제를 타도할 수 없다. 비혁명적 시기에조차 많은 평범한 사람들은 자기 방어권을 인정한다. 그리고 사회주의자들은 억압받는 사람의 폭력과 압제자의 폭력이 똑같다고 생각하지 않는다. 영국수호동맹EDL의 인종차별주의자들이 흑인과 아시아계 사람들에게 폭력을 휘두를 때, 노동조합원들이 피켓라인에서 경찰한테 괴롭힘당하고 있을 때, 제국주의에 점령당한 사람들이 어떤 무기든 구해서 반격할 때 우리는 수수방관할 수 없다. 혁명에서도 마찬가지다. 자본가들과 군 장성들(자본가들이 고용한 깡패들)이 사회주의 세상이 현실화할 가능성을 없애려 든다면 폭력을 사용해 막는 것이 옳을 것이다.

그러나 세력 관계가 압도적으로 노동계급 쪽에 유리하다면, 혁명 때 발생하는 폭력은 최소한에 그칠 것이다. 자본주의 국가는 다수에게 극소수의 지배를 강요하려니 매우 폭력적일 수밖에 없지만, 사회주의자의 목표는 압도 다수의 지배를 보호하는 것이다. 그리고 궁극적으로는 지배자도 없고 지배받는 사람도 없는 계급 없는 세상을 이루는 것이다. 위대한 사회주의 저술가 폴 풋은 다음과 같이 말했다.

혁명가들은 역사적으로 사회주의자들과 개혁주의자들이 자기 압제자들에 맞서 평화주의 노선을 고집하다 그 대가로 더 잔혹히 학살당한 것을 봤다.

혁명가들은 여러 혁명적 반란에서 노동자 정부가 자기 계급의 적들을 달래려 하다가 오히려 그들이 더 잔혹한 도살자가 되도록 자신감을 준 것을 봤다. 계급 간 전쟁에서 폭력이 얼마나 벌어질지는 양쪽의 천성이 아니라 세력 관계가 결정한다. 거대하고 결정적인 계급 전투에서 폭력을 확실히 막을 수 있는 유일한 방법은 노동자들이 사용자 계급보다 더 큰 힘을 확실히 갖추고 그 힘을 사용할 준비를 하는 것이다.

09

스탈린의 사회주의 왜곡

"러시아에서 벌어진 일 좀 보라고." 이 말이야말로 자본주의 논리에 저항하는 사람을 말릴 때 가장 잘 먹혀들었고 지금도 그렇다. 그 얘기를 간추리면, 선량한 민중이 들고일어났으나 볼셰비키 때문에 엇나갔고, 더 나은 세상을 바란 꿈은 깨지고 불가피하게 새로운 형태의 독재, 그것도 가장 끔찍한 독재로 끝났다는 것이다.

사실 러시아 혁명은 노동자들이 무엇을 이룰 수 있는지를 가장 감동적으로 보여 준 실례고, 그 혁명을 피바다에 빠뜨린 스탈린 주도의 반혁명은 우리가 오늘날 조직을 건설해야 하는 이유를 가장 강력히 역설하는 사례다.

사회주의를 압살한 스탈린주의

카를 마르크스가 제시한 전망의 핵심은 노동자의 해방은 노동자 자신의 행위로 이루리라는 것이다. 투쟁 속에서 노동자들은 새로운 민주적 제도를 만들고 사회를 밑바닥부터 재조직할 수 있었다. 이것이 바로 1917년 러시아 혁명에서 일어난 일이다. 투쟁 중에 노동자들이 만든 대표체인 소비에트는 새로운 사회를 이룰 새싹이었다. 전국의 402개 소비에트에서 파견한 1000여 명의 대표가 10월에 집결했을 때, 그것은 일찍이 없었던 가장 민주적인 자치 형태였고 완전히 아래로부터 영감을 얻은 창의적 활동의 결과물이었다. 여러 해 동안 러시아 혁명은 전 세계 수많은 사람한테 희망의 불빛이었다. 농촌에서는 오랜 세월 포악한 지배계급의 탄압을 받던 농민이 토지를 장악해 재분배했다. 노동자 위원회가 많은 공장을 접수해 관리했다.

어디서나 토론과 논쟁이 벌어졌고, 볼셰비키는 그것을 장려했다. 그래서 레닌은 노동자들에게 다음과 같이 말했다. "여러분 자신이 국가의 주인임을 명심하십시오. 누군가가 여러분을 도울 것이라고 기대하지 말고 합심해서 국가의 **모든 업무**를 직접 다뤄야 합니다. … 자기 일에 최선을 다하십시오. 맨 밑에서부터 시작합시다. 누군가를 기다리지 마십시오." 전에는 소수 특권층만 다니던 대학이 대중에게 개방됐고, 교사들은 농촌에 들어가 처음으로 읽기와 쓰기를 배우려는 사람들을 가르쳤다. 제1차세계대전에서 막 벗어나 나라 전체가 어려움을 겪고 있었지만 여러 문화적 실험이 이뤄졌다. 옛 러시아제국에서 억압받던 소수 민족과 소수 종교도 자결권과 종교의 자유를 얻었다. 여성들도 자신이 처한 끔찍한 조건에서 스스로를 해방하는 조치를 취했다. 사회화된 보육 시설, 세탁소, 식당이 설립됐고 낙태, 피임, 이혼이 합법화됐다. 동성애는 비범죄화됐고 교회와 국가가 사람들의 성적 관계에 간섭할 권한이 없다고 법으로 못 박았다. 이런 성과는 당시 서유럽 '선진국'들에서 여성과 동성애자에게 허용됐던 것들을 훨씬 앞지른 것이었다.

그러나 스탈린이 권력을 쥐자 이런 아래로부터의 해방이 깡그리 부정됐다. 스탈린 정권이 어떤 미사여구를 늘어놓았든 스탈린주의 러시아는 획일적 국가 통제 사회였고, 민주주의와 토론이 사실상 사라졌다. 스탈린이 통치한 러시아의 핵심 목표는 다른 자본주의 사회들과 똑같았다. 바로 축적하라, 축적하라, 또 축적하라였다. 정권은 노동자들한테 빵과 버터냐 핵미사일이냐, 극장과 영화관이냐 탱크와 트랙터냐 사이에서 선택하라고 끊임없이 강요했다. 이것은 일종의 '국가자본주의'였다. 시장 자본주의와 마찬가지로 국가자본주의도 노동자 착취와 경쟁(그러나 이제는 여러 자본가가 시장에서 벌이는 경쟁이 아니라 러시아와 경쟁 국가들 사이의 국제적 경쟁)에 기초를 뒀다. 러시아는 하나의 거대한 공장처럼 운영됐고, 어마어마한 생산수단을 발전시켜 경쟁자들과 산업적·군사적 경쟁을 벌였다. 새로운 체제가 자리를 잡자 사회의 온갖 낡은 특징이 되살아났다. 이제 소수 민족이 새로운 스탈린주의 제국에서 억압받았고, 낡은 성차별·인종차별 태도가 되살아났고, 문화 활동은 더욱 엄격히 통제됐다.

혁명은 어떻게 패배했는가

무엇이 잘못됐을까? 주류 평론가들은 그것이 그저

인간 본성 때문이고, 세상이 존재하는 방식에 저항하려는 시도는 필연적으로 모두 독재로 끝나게 된다고 말할 것이다. 물론 당시 지배자들은 이런 헛소리를 믿지 않았다. 14개국 군대가 혁명을 깨부수려고 개입했다. 이미 실패할 수밖에 없는 일이라면 뭐하러 그렇게 무산시키려 노력했겠는가?

무슨 일이 벌어졌고, 어떻게 희망이 공포로 바뀌었는지 진지하게 역사적으로 설명할 수 있어야 한다. 혁명 전에 러시아는 유럽에서 경제적 후진국에 속했다. 허약하고 시대에 뒤떨어진 러시아 지배계급은 경쟁자들과 겨루기 위해 필사적으로 현대적 자본주의 발전을 이루려 했다(이런 발전은 흔히 외국 기업의 지배 아래 이뤄졌다). 이 덕분에 규모가 작고 갓 형성됐지만 매우 전투적인 노동계급이 성장했다. 이미 1905년에 이 노동자들이 체제 전체를 위협한 혁명적 투쟁을 이끌었다. 그러나 사회의 다수는 노동자가 아니라 농민이었다. 농민은 농촌에 흩어져 살았고, 사회를 운영할 대안적 방식을 제시하기에는 응집력도 공통의 이해관계도 부족했다. 희망은 노동계급한테 있었고, 노동계급만이 광범한 불만에 초점을 제공할 수 있었다. 그러나 문제가 있었다. 마르크스는 사회주의에는 두 가지 필수 전제 조건이 있다고 했다. 첫째, 생산력(인간이 자신의 필요를 충족하기 위해 생산하는 능력)이 사회를 부족함 없이 지탱하기에 충분할 정도로 발전해야 한다. 둘째, 노동계급이 아래로부터 새로운 종류의 민주주의를 창출할 수 있을 정도로 규모가 크고 성숙해야 한다. 어떻게 러시아에서는 소수인 노동자들이 부족한 물적 자원을 가지고 사회주의를 건설하는 투쟁을 이끌 수 있었을까?

트로츠키와 레닌 같은 볼셰비키들은 혁명이 국제적인 것이 되기만 한다면 그럴 수 있다고 믿었다. 러시아를 첫 신호로 유럽 전역에서 혁명이 연속해서 일어난다면, 그 뒤 유럽에서, 궁극적으로는 세계적 규모로 동원 가능한 노동계급의 힘과 물적 자원 덕에 사회주의가 풍요를 누리게 될 것이다. 그런 전망을 레닌은 다음과 같이 썼다. "혁명 전에, 심지어 혁명 후에도 우리는 이렇게 생각했다. 다른 나라, 즉 더 발전한 자본주의 나라들에서 혁명이 즉각, 적어도 아주 빨리 일어나지 않는다면 우리는 괴멸될 수밖에 없다."

이런 전망은 터무니없는 게 아니었다. 1918년부터 혁명이 유럽 전역을 휩쓸었다. 그러나 어디서도 노동자들이 권력 장악에 성공하지 못했다. 혁명은 고립됐다. 러시아는 이미 3년 동안 세계대전을 치른 상태였고, 이제는 혁명을 되돌리려 열강이 획책한 내전의 참사에 직면했다. 혁명의 민주적 엔진 구실을 한 노동계급이 1920년대에 전쟁과 기아 때문에 완전히 망가졌다. 1922년에 산업 노동계급의 수는 1917년의 3분의 1에 불과했다. 이 때문에 신생 노동자 국가의 힘이 심각히 훼손됐다. 혁명을 이끌었고 혁명의 민주적 심장부를 이루고 있던 바로 그 사람들이 이미 살해됐거나 살아남으려 버둥대고 있었다. 볼셰비키가 내전에서 승리했지만 볼셰비키의 적들은 혁명의 토대가 된 계급을 파괴하는 데 성공했다.

민주주의가 쇠퇴하자 볼셰비키는 유럽에서 결국은 혁명이 일어날 것이라는 희망을 품고 사회주의의 몇몇 남은 요소들을 지키려 했다. 이 때문에 볼셰비키는 점점 더 적대 관계로 돌아선 농민에 맞서 권력을 지키기 위해 때때로 불가피하게 강압 수단을 사용해야 했다. 이제 토지가 생긴 농민들이 생산한 농작물을 자기 이익을 위해 쓰고자 했기 때문이다. 그러나 볼셰비키가 쓸 수밖에 없었던 강압 수단들은 이 단계에서는 그 자체가 목적이 되진 않았다. 혁명은 퇴보했지만 아직 파괴되진 않았다.

1920년대 중반에 시작해 1928년에 완결된 스탈린 주도의 반혁명이 있고서야 그런 파괴가 이뤄졌다. 혁명 당시 스탈린은 볼셰비키 당내에서 주변적 인물에 불과해서 한 역사가는 그를 "희미한 그림자"라고 불렀다. 그러나 혁명이 약화하자, 스탈린은 새로 팽창한 사회 세력(차츰 러시아 사회를 지배하기 시작한 국가 관료들)을 대변하기 시작했다. 스탈린 밑에서 이 세력은 새로운 지배계급으로 자리 잡을 수 있었다. 이것은 국제 혁명이라는 목표에 등을 돌리고 그 대신 '일국사회주의'를 목표로 선언하는 걸 뜻했다. 사실상 이것은 '일국 국가자본주의', 즉 경제 발전을 촉진하기 위해 서방 자본주의에서 사용된 모든 수단을 이용해 노동자와 농민을 훨씬 더 지독하게 쥐어짜는 것을 뜻했다. 스탈린의 말을 빌리면 다음과 같다. "우리는 선진국들보다 50~100년 뒤처졌다. 10년 안에 이 격차를 메워야 한다. 그러지 못하면 그들이 우리를 분쇄할 것이다." 자본주의 발전 초기에 영국에서 수 세기에 걸쳐 벌어진 모든 끔찍한 일들이 러시아에서는 단 몇 년

이라는 짧은 기간에 압축적으로 발생했다. 스탈린주의 러시아가 경찰국가로 운영되고 불가피하게 사용되던 강압 수단들이 이제 미덕으로 칭송된 것은 조금도 놀라운 일이 아니었다.

혁명의 성공을 도왔던 베테랑 볼셰비키 당원들은 스탈린주의 정권에서 살아남지 못했다. 1924년에 레닌이 죽은 뒤 혁명을 지키고자 분투한 가장 중요한 인물인 트로츠키는 처음에는 망명을 떠나야 했고 그 뒤에는 스탈린이 보낸 첩자의 추적을 받다 살해됐다. 레닌과 트로츠키가 필연적으로 스탈린으로 이어졌기는커녕 사실 피의 강이 두 전통을 가르며 흐른다.

이런 비극은 그저 러시아에만 해를 끼친 게 아니었다. 사회주의와 스탈린주의를 동일시하는 왜곡은 세계 곳곳에서 일어났다. 스탈린주의 러시아와 똑같은 사회들이 중국이나 쿠바 같은 곳에서는 민족주의 지도자들에 의해 창출됐고, 제2차세계대전 말 동유럽에서는 러시아 탱크가 진주해 위로부터 만들어졌다. 이런 나라들을 대안으로 삼은 사람들은 노동계급이 자신의 투쟁을 거쳐 스스로 권력을 장악하는 과정이 전혀 없어도 '현실 사회주의'라 불리는 것을 창출할 수

있다고 봤다. 노동자들의 자기 해방은 중요하게 여겨
지지 않았다. 각국 공산당은 러시아 공산당의 필요에
종속됐다. 공산권 지도자들한테 이 정당들은 혁명의
도구가 아니라 세계에서 러시아의 지위를 높이는 데
쓸 협상 카드에 불과했다.

거의 20세기 내내 스탈린주의의 거짓말 때문에 진
정한 사회주의를 위해 투쟁하는 게 사실상 불가능했
다. 일부 좌파는 계속해서 동구권에 긍정적인 뭔가가
있다고 봤고 1989~91년에 공산권이 대부분 붕괴하자
사기 저하됐다. 그들은 이 나라들에 자유 시장 형태의
자본주의가 재확립된 것을 퇴보라고 봤다. 이런 정권
들을 국가자본주의라고 인식한 우리 같은 사람들은
공산권의 붕괴로 진짜 사회주의 전통의 부활을 막아
온 걸림돌이 제거됐다고 봤다.

연속혁명은 어떻게 사그라들었는가

그러나 이런 설명에는 아직 해결되지 않은 부분이
남아 있다. 유럽에서 혁명이 성공했더라면 러시아 혁

명을 구할 수 있었을 것이라고 했을 때, 중요한 의문 하나가 남는 것이다. 왜 유럽은 혁명이 실패했을까?

유럽 노동자들의 투쟁이 부족했기 때문은 분명히 아니다. 1917년 이후 수년간 유럽 각국에서는 노동자들이 일터에서 반란을 일으켰다. 소비에트 형태의 노동자 위원회가 이탈리아와 독일 등에서 나타났다. 전쟁은 군대의 반란과 병사들의 동요 속에 끝났다. 지배자들이 자신들을 대량 학살극으로 몰아넣은 것에 대중이 분노를 터뜨린 것이다. 지배계급은 대개 자기 나라가 혁명 직전 상황이라고 봤고, 실제로 그랬다.

빠진 것은 적절한 형태의 혁명 조직이었다. 다시 말해 낱낱의 투쟁을 한데 모으고 계급을 단결시키며 지도를 제공할 수 있는 조직이 없었다. 혁명이 한창일 때 혁명 정당을 만들 수는 없다. 혁명 정당은 혁명 이전에 건설되고, 훈련되고, 시험을 거치고, 발전해야 한다. 또 노동계급 안에서 충분한 영향력을 행사해야 하고 노동자들한테 당원들이 투쟁에서 믿고 따를 만한 사람들이라는 확신을 줘야 한다. 그것이 바로 러시아에서 레닌이 볼셰비키당을 통해 이룬 것이다. 스탈린 때와 달리 이 당은 획일적이고 상명하복식 조직이기는커녕 매우 민주적인 지도자들의 정당이었고, 당원들은 많은 노동자들한테 계급 안에서 가장 전투적인 최고의 투사로 인정받았다. 볼셰비키당은 투쟁이 터졌을 때 급진화한 노동자들을 끌어들이고 성장할 수 있었지만, 그것은 오로지 그 당이 혁명 이전 시기에 이룬 것들 덕분이었다.

독일과 이탈리아에도 혁명 정당이 존재했지만, 너무 작고 이제 막 출범한 데다 경험이 너무 부족해서 혁명적 투쟁들에서 지도력을 발휘할 수 없었다.

다른 세력, 흔히 온건한 사회주의자들이 투쟁의 선두에 섰을 때는 투쟁에 방해만 됐다. 혁명이 뭉그적대자 국가권력이 나서서 노동자들을 분쇄했다. 그러나 그게 다가 아니었다. 독일과 이탈리아처럼 노동자들이 구세계의 질서를 뒤흔드는 데까지 나갔던 곳에서는 파시즘이 부상했다. 지배계급 일부의 지원을 받은 우익 깡패들이 나서서 가장 야만적인 수단을 동원해 질서를 회복하려 들었다. 제1차세계대전 뒤 벌어진 혁명들이 패배하면서 남긴 유산들(러시아의 스탈린주의와 유럽의 파시즘)은 오늘날 혁명 조직을 건설해야 하는 이유를 보여 주는 강력한 증거다.

10
사회주의와 인간 본성

사회주의를 편드는 주장이라도 할라치면 곧바로 누군가가 다 좋은 소리지만 '인간 본성' 때문에 사회주의는 불가능하다고 말할 것이다. 그러면서 주변 좀 돌아보라고 할 것이다. 사람들은 인종차별적이고 탐욕스럽고 지배자들의 명령에 따라 서로 죽인다. 어쩌면 그렇지 않은 사람도 있겠지만, 많은 사람이 그렇다. 이런 사람이 조금만 있어도 세상은 엉망진창이 될 것이다.

그러나 난폭한 행동이 인간의 '천성'이라면 우리는 늘 잔인하게만 행동해야 할 것이다. 그러나 우리는 그러지 않는다. 우리는 매일 남들한테, 심지어 모르는 사람한테도 사심 없이 대한다. 평범한 사람들은 자신도 돈에 쪼들리면서 파키스탄 이재민 같은 사람들한테

큰돈을 기부한다. 보답을 바라는 것도 아니고, 자신이 비슷한 상황에 처했을 때 누군가가 똑같이 해 주길 바라는 것도 아니다. 매일 많은 사람이 자선 단체와 자원봉사 단체에서 무급으로 일한다. 커다란 위험이 닥쳤을 때 사람들은 놀랍도록 이타적인 방식으로 행동한다. 어떤 재난 기록에서든 사람들이 자기 목숨을 돌보지 않고 다른 사람들을 구하려 한 사례를 찾아볼 수 있을 것이다. 우리가 '천성적으로' 이기적이라면 전혀 설명할 수 없는 일인 것이다.

2010년 가을 칠레에서 광산이 무너져 33명이 69일 동안이나 지하에 갇혀 있어야 했다. 이 기간 내내 그 사람들은 서로 협력하고 도왔다. 그들이 유일하게 다툰 것은 누가 먼저 구조되고 누가 뒤에 남아 기다릴지를 결정하는 문제였다. 그들은 서로 먼저 나가겠다고 다툰 게 아니었다. 오히려 동료들이 자기보다 먼저 구조돼야 한다고 저마다 고집했다. 한편 바깥에서는 사람들이 합심해서 구조에 나섰고 기진맥진할 때까지 쉬지 않고 작업을 벌였다. 물론 구리값이 치솟아 회사가 위험한 상태의 폐광에서 무리하게 채굴을 재개하는 일이 없었더라면 광산이 무너지는 일은 결코 일어나지 않았으리라는 것도 진실이다. 광산 사고의 전체 이야기가 보여 주는 것은 인간 행동은 그 행위가 어떤 조건에서 일어나는지에 따라 달라진다는 것이다. 우리를 경쟁하게 만들고 출세를 위해 남을 짓밟도록 만드는 것은 바로 자본주의다.

사회의 공식 이데올로기는 서로 도우라는 것일 수 있지만(데이비드 캐머런의 '큰 사회'론은* 그중 특히 터무니없는 사례다) 현실은 다르다. 아이들은 아주 어릴 때부터 시험을 치르고 등수가 매겨진다. 학교들은 서열화돼 서로 경쟁한다. 학생들은 각자 '좋은 학교'와 상위권 대학 진학, 좋은 일자리를 놓고 경쟁해야 한다는 부추김, 아니 사실은 강요를 받는다. 만일 아이들이 시험문제를 혼자서 풀지 않고 여럿이 함께 풀겠다고 나서면 학교는 어떤 반응을 보일까? 졸업을 해도

---

* '큰 사회'론 중앙정부로부터 지역사회로 권력을 대폭 이양하고, 지역 주민과 청년의 자원봉사 활동을 활성화하고, 협동조합, 자선단체, 사회적 기업 등을 육성해 사람들이 서로 돌보는 '큰 사회'를 재건하겠다는 정책. 그러나 본질은 복지국가를 해체해 개인과 가족, 지역사회에 부담을 고스란히 떠넘기려는 전형적 신자유주의 정책이다.

상황은 마찬가지다.

사회주의 저술가이자 활동가인 존 몰리뉴는 다음
과 같이 썼다.

어른이 돼도 자본주의 체제는 사람들에게 경쟁에서 살
아남거나 사회적 존경을 받고 싶으면 이기적으로 행동
하라고 거의 강요하다시피 한다. 자본가들은 자본가이
기를 포기할 생각이 없다면 반드시 이윤을 극대화하
려 애써야 한다. 다시 말해 탐욕스러워야 한다. 자본가
를 위해 일하는 관리자들도 이윤과 탐욕이라는 규범
을 충실히 지켜야 한다. 그러지 않으면 해고될 것이다.
오직 노동자들만이 연대의 필요를 느끼고 연대에 이해
관계가 있다. 그러나 그런 연대는 ('과격하다'거나 '사회
혼란을 조장한다'는) 중상모략을 당할 뿐 아니라 불법
으로 처벌받기 일쑤다. 자본주의 사회에서 놀라운 일은
자기희생과 사회적 책임감의 사례가 드물기는커녕 아
주 많이 목격된다는 것이다.

인류는 대부분의 기간을 수렵·채집 사회에서 살았
다. 그 사회에서는 사람들이 부자와 가난한 사람, 지

도자와 지배받는 사람으로 나뉘지 않았고, 재화는 공유 원칙에 따라 분배됐다. 계급사회의 등장으로 사람들이 인간을 바라보는 관점이 왜곡됐다. 사회주의 사회에서 우리는 보편적 사회연대 의식을 되찾을 것이다. 그러나 자연재해에 속수무책이던 수렵·채집인들과 달리 미래 사회에서는 인류가 이룩한 눈부신 업적, 능력, 지식, 창의력을 한껏 이용할 것이다.

미래 사회

우리의 사회주의 전망을 마르크스의 말을 빌려 표현하면 "계급과 계급 대립으로 얼룩진 낡은 자본가 사회 대신에, 개인의 자유로운 발전이 모든 사람의 자유로운 발전의 조건이 되는 연합체가 등장할 것"이다. 그런 사회에서는 가장 중요한 문제들을 사람들이 집단적으로 결정할 것이고, 그런 집단적 힘 덕택에 우리는 각자 자유로이 발전할 수 있을 것이다.

노동자들이 혁명을 일으키면 어디서나 그런 사회를 어렴풋이 볼 수 있다. 조그만 파업도 지배계급의 사상에 의문을 제기한다. 거대한 파업은 사회 전체를 바꿔 놓는다. 혁명이 일어나면 수많은 사람이 사회를 바꾸는 과정에서 스스로도 바뀐다.

미국의 혁명가인 존 리드는 1917년 러시아 혁명의 핵심 무대였던 페트로그라드의 분위기를 다음과 같이 묘사했다. "밤마다 회의가 열렸고, 하루 종일 열띤 논쟁이 계속됐다. 어둑해진 저녁 무렵까지 거리는 군중으로 복잡했고, 그들은 이리저리 몰려다니며 앞다퉈 신문을 사려 들었다." 반혁명 군대가 노동자 국가를 깨부수려 들자 대중은 다음과 같이 대응했다.

회색의 지평선에서 공장의 기적 소리가 들려왔다. … 수많은 노동자들이 쏟아져 나왔다. 여성과 남성, 그리고 어린이가 작업복 위에 철사 줄 묶음과 탄띠를 두르고 총, 곡괭이, 삽을 들고 있었다. 이처럼 많은 사람들이 자발적으로 쏟아져 나오는 것은 본 적이 없었다! … 이 것은 그 누구도 아닌 그들의 전투였고, 그들의 세상을 위한 전투였다. 지휘를 맡을 장교도 직접 선출했다.

리드는 승리한 노동자들과 함께 페트로그라드로

돌아왔고 그때 본 인상적 광경을 다음과 같이 남겼다.

　지평선 너머에 수도 페트로그라드의 불빛이 펼쳐지기 시작했다. … 운전을 하던 늙은 노동자는 한 손에 운전대를 쥐고 다른 손으로 저 멀리 빛나는 수도를 가리키며 환희에 찬 몸짓으로 말했다. "내 것입니다!" 그는 빛나는 얼굴로 외쳤다. "이제 모든 것이 내 것입니다! 나의 페트로그라드여!"

이것은 1917년 러시아에서 벌어진 일이지만, 1919년 독일에서도, 1920년 이탈리아에서도, 1936년 스페인에서도, 1956년 헝가리에서도, 1974년 포르투갈에서도, 1979년 이란에서도 노동자들이 들고일어나 새로운 형태의 사회를 수립하려 했다. 다른 사례도 많다. 조지 오웰은 1936년 바르셀로나의 풍경을 다음과 같이 묘사했다.

노동계급이 권력을 잡은 도시에 들어가 본 것은 그때가 처음이었다. 거의 모든 건물을 노동자들이 접수했고 건물마다 붉은 깃발이나, 검정과 빨강이 섞인 아나키스트들의 깃발이 드리워져 있었다. 담벼락마다 낫과 망치 그림이나 혁명 정당들의 머리글자를 휘갈겨 놓았다. 교회는 거의 다 불이 나 박살났고 성상도 불태워졌다. …
상점과 카페마다 집산화됐다는 글이 붙어 있었다. 심지어 구두닦이들조차 집산화돼, 그들이 들고 다니는 상자에도 빨강과 검정 칠이 돼 있었다. 웨이터와 지배인은 손님의 얼굴을 똑바로 쳐다보며, 동등한 입장에서 손님을 맞이했다. …

자가용은 모두 징발돼 존재하지 않았다. 모든 전차와 택시, 그 밖의 교통수단도 대부분 빨강과 검정으로 칠해 놓았다. … 도시의 대동맥이라 할 수 있는 람블라 거리는 언제나 사람들로 붐비는 곳이었다. 그 거리를 따라 낮 동안은 물론이고 밤늦게까지 확성기에서 혁명가가 쩌렁쩌렁 울려 퍼졌다. 가장 신기한 것은 군중의 모습이었다. 겉으로 볼 때 그 도시에서는 부유한 계급이 사실상 사라졌다. …

이 모든 것이 신기하고 감동적이었다. 내가 이해하지 못하는 것도 많았고, 어떤 면에서는 마음에 들지 않는 것도 있었다. 그러나 나는 그 도시의 모습을 보자마자 싸워서 지킬 가치가 있다고 확신했다.

트로츠키는 혁명을 다음과 같이 표현했다. "혁명은 첫째로 대중(인격을 가지고 있지 않다고 여겨지던 바로 그 대중) 속에서 인간성이 깨어나는 것이다. 때때로 잔혹하고 가차없고 피를 흘리는 방법을 사용하기도 하지만, 혁명은 무엇보다 특히 인간성의 자각이고, 혁명이 전진해 나갈수록 모든 개인의 존엄성이 더욱 존중받게 될 것이다." 그리고 이런 혁명 과정, 다시 말해 오웰과 리드가 목격한 광경들은 시작에 불과하다. 시장 경쟁, 억압, 착취라는 오물이 묻지 않은 세대가 살아갈 성숙한 사회주의 세상이 어떨지 그려 보기는 쉽지 않다. 사실 마르크스는 그런 사회에 대한 세세한 청사진을 제시하는 것은 불가능하다고 주장했다(그런 사회는 현실의 역사적 운동의 결과물일 것이고, 그런 운동 속에서 많은 사람들이 자기 주변 세상을 의식적으로 그리고 민주적으로 개조할 것이다). 그러나 그런 사회가 대체로 어떨 것이라고 말할 수는 있다.

지금 체제에도 집중적 계획이 존재하지만, 그것은 개별 자본가의 이윤을 극대화하려는 하향식 계획이다. 사회주의에서는 생산이 민주적으로 계획돼 사람들의 필요를 충족할 것이다. 사회 모든 분야에서, 일터와 거리에서 마을, 도시, 나라, 지구 전체에 이르기까지 사람들은 의사 결정 과정에 참여할 것이고 그 결정을 실행하는 데 동참할 것이다. 사회의 의사 결정자는 더는 차별화된 특권 집단이 아니라 우리 자신일 것이다. 자원을 부자들의 사치품이나 엘리트 계층의 수요를 충족하는 데 쓰는 대신, 가난과 기아를 없애는 데 쓸 것이다. 그리고 사회주의가 발전할수록 우리는 더 많은 다른 필요도 충족하게 될 것이다. 즉, 기본적 필수품을 충족할 뿐 아니라 문화를 발전시키고 새로운 교육 방식도 개발할 것이다.

사회는 지배계급 사상과 그것에 영합하는 언론의 지배를 무기력하게 받아들이는 게 아니라 자유, 토론, 개방성에 기초할 것이다. 사회주의에서 인종차별, 동성애 혐오, 여성 억압의 뿌리는 도전받고 해체될 것이다. 사회주의 사회는 평화로운 사회이기도 할 텐데 과거에 전쟁을 일으킨 근본 원인들(즉 귀족, 왕조, 기업, 국가 사이에 땅, 자원, 이윤을 두고 벌어지는 싸움)이 사라질 것이기 때문이다. 사회주의에서 우리는 기후변화 문제를 해결하고 이윤의 지배를 받는 사회가 아닌 지속 가능한 사회를 만들어 낼 것이다.

우리는 사회가 낡은 방식대로 굴러가서 세계가 끊임없는 빈곤과 유혈의 악순환에 빠지도록 수수방관할 수 없다. 그러나 새로운 세계를 창출하는 일은 바람만으로 되지 않는다. 우리는 무자비하고 조직화된 적을 마주하고 있고 무슨 짓이든 서슴지 않고 저지를 자들을 막을 방법을 찾아내야 한다. 바로 그런 이유로 우리 또한 조직돼서 싸워야 한다.

11

지도자들의 정당

　자본주의가 낳는 참상에 맞서 투쟁하려면, 그리고 사회주의 세상을 이루려 투쟁하려면 조직이 있어야 한다. 그러나 이런 투쟁에 참여하는 많은 이들이 정당 개념 자체를 못 미더워한다. 이것은 별로 놀라운 일이 아니다.

　영국에는 세 개의 주류 정당이 있다. 바로 노동당, 보수당, 자유민주당이다. 세 정당 모두 부패와 조작에 능하고, 자본주의 체제를 원활히 운영하는 일에 헌신한다. 웨일스와 스코틀랜드의 민족주의 정당들도 마찬가지다. 그 외에 녹색당 같은 더 작은 정당도 있다. 이런 정당들도 가끔 주류 정치권에 편입될 수 있지만, 그럴 경우 타협이 따르기 마련이다. 유럽의 많은 녹색당들은 다른 정당들과 연합을 맺고 자기 지지자들을 배신했다.

그리고 오랜 세월 공산주의라는 이름에 먹칠을 한 구식 공산당(획일적이고 상명하복식인 스탈린주의 정당)들이 있다. 끝으로 좌파 하면 떠오르는 최악의 고정관념과 맞아떨어지는, 다시 말해 시도 때도 없이 과격한 주장을 늘어놓지만 투쟁에서 비켜선 채 저항을 건설하는 데는 손가락 하나 까딱 않는 셀 수 없이 많은 좌파 집단이 있다. 이 모든 것이 아주 당연하게 정당의 평판을 떨어뜨린다.

그러나 진짜 혁명 정당은 다르다. 혁명 정당은 구성도 다르고, 활동과 조직 방식, 이루려는 목표도 다르다.

예를 들어, 노동당은 노동자 다수(성차별, 인종차별, 동성애 혐오 같은 후진적 사상을 가진 사람들까지도 포함해)의 지지를 받고자 한다. 노동당은 많은 노동자들이 이런 사상을 가지고 있다는 사실을 그저 인정해 버리고 그런 후진적 의식에 체계적으로 맞서려 진심으로 노력하지 않는다. 노동당은 노동계급 지지자들을 세상을 근본적으로 바꾸는 데 동원하는 게 아니라, 선거에서 지지를 끌어모아 단편적 개혁을 이루는 데 이용하려 한다.

이런 기회주의적 방식의 위험을 경계해 정반대의 함정에 빠질 수도 있다. 즉, 너무 협소해지는 것이다. 깨우친 소수만 이해하는 몇몇 '진리'를 중심으로 소수 회원을 조직하는 단체들이 많이 존재한다. 그런 단체들은 종파로 전락할 위험을 안고 있고, 자기들끼리만 그리고 다른 종파들하고만 어울린다.

혁명 정당

혁명 정당은 자본주의 사회의 주류 사상과 단절한 노동자들을 조직하려 한다. 혁명 정당은 지도자들의 정당이 되고자 한다. 다시 말해 지도자들과 추종자들로 나뉘지 않는다. 모든 당원은 각자 자기 주변에서 벌어지는 투쟁에 방향을 제시하려 애써야 한다. 혁명 정당은 아직 주류 사상과 단절하지 못한 노동자들과 계속해서 대화를 나눠야 하므로 바깥세상과 절연한 채 문호를 걸어 잠가서는 안 된다. 혁명 정당은 파업, 시위, 사회운동, 지역의 투쟁에 참여해야 한다. 그런 투쟁을 거칠 때만 많은 비혁명적 노동자들이 사고방식을 바꾸기 시작할 것이고, 혁명적 노동자들은 자신이 세상을 가장 예리하게 이해하고 그 세상을 바꾸는 최상의 투쟁 방법도 제시한다는 것을 보여 줄 수 있을 것이다.

그러나 혁명 정당이 제구실을 해내려면 노동계급을 가르칠 뿐 아니라 노동계급한테 배우기도 해야 한다. 혁명 이론의 큰 발전은 위대한 이론가들의 머리에서 나오지 않았다. 혁명 이론의 발전은 노동자들이 투쟁에서 새로운 조직 방식과 저항 방식을 개발한 덕택에 이뤄졌다. 예를 들어 1905년과 1917년 러시아 혁명 때 생긴 소비에트는 볼셰비키나 다른 사회주의 단체가 고안한 게 아니었다. 소비에트는 노동자들이 만들어 냈고 투쟁의 필요에 딱 들어맞았다. 볼셰비키의 강점은 소비에트가 노동자들의 투쟁을 어떻게 발전시킬지 알아보고 이 모델을 전국으로 확대·발전시키려 한 것이다.

투쟁 시기가 지나가더라도, 새로운 사상과 새로운 활동 방식이 함께 사라지게 돼서는 안 된다. 트로츠키는 혁명 정당을 "계급의 기억"이라고 불렀다. 혁명 정당은 과거 세대의 노동자들이 투쟁에서 배운 교훈들을 자신의 이론 속에 통합한다. 신문, 전단, 책, 모임,

토론회를 이용해 이런 지식을 새로운 노동자들과 공유함으로써 그들이 모든 것을 처음부터 다시 배울 필요가 없게 만든다.

민주집중제

혁명가들이 활동하는 방식 때문에 특정한 조직 형태가 필요하다. 노동계급의 최상의 경험을 완벽히 담아내려면 혁명 정당은 철저히 민주적이어야 한다. 당원들이 함께 모여 전술, 사상, 투쟁의 교훈을 토론해야 한다. 그런 토론 뒤에 결정을 도출할 수 있고, 필요할 경우 투표로 결정할 수도 있다. 당을 군대처럼 조직한다면(군대는 그저 장군의 명령에 복종하면 그만이다), 혁명 정당의 당원은 현실의 투쟁에 개입할 수 없을 것이다. 투쟁에 개입하려면 스스로 결정해야 하고 명확한 주장을 내놓을 수 있어야 하기 때문이다.

그러나 혁명 정당은 우리가 만들고자 하는 사회주의 사회를 구현한 것이 아니다. 다시 말해 혁명 정당은 그저 자유와 민주주의 원칙에 따라서만 운영될 수 없다. 혁명 정당은 자본주의 체제에 맞선 저항을 이끌 도구가 돼야 한다. 그것은 당이 집중되기도 해야 한다는 뜻이다. 혁명 정당은 일단 결론을 도출하면 행동을 일치시킬 수 있어야 한다. 그리고 올바른 결정을 신속히 내릴 수 있는 사람들로 지도부를 선출해서, 투쟁이 한창일 때는 행동하고 기회가 마련되는 즉시 당원들한테 신임을 물어야 한다. 레닌은 이런 결합을 '민주집중제'라고 불렀다.

혁명 정당은 고정된 조직 형태를 뜻하지 않는다. 다시 말해 우리는 더는 적합하지 않은 과거의 관행들을 그저 베끼기만 해서는 안 된다. 사회적 조건이 변하면 혁명 정당도 변화된 조건에 적응해야 하고, 투쟁에 개입해 그 투쟁을 발전시키고 혁명적 사상을 보급하기에 가장 좋은 조직 형태를 취해야 한다.

왜 혁명 정당에 가입해야 할까?

물론 사회주의자 개인으로도 많은 일을 할 수 있다. 당원이 아니어도 반전 운동을 건설하고, 파업을 하고, 시위를 벌이는 등의 일을 모두 할 수 있다. 그리고 당연히 당에 가입하지 않고도 혁명에 참가할 수 있다.

모든 대혁명은 어떤 심각한 위기가 촉발한 갑작스런 분노의 폭발로 시작된다. 그런 투쟁은 '자생적'이라고들 하는데 아무도 사람들한테 거리로 나가자고 명령을 내리지 않기 때문이다. 그러나 역사상 어떤 혁명도 결코 '자생적'으로 끝난 경우는 없다. 옛것이 이기거나 새것이 이기거나 둘 중 하나다.

노동자에게는 힘이 있다. 그러나 우리 지배자들은 훨씬 잘 조직돼 있고, 국가는 그들의 가장 중요한 무기다. 지배자들은 국가를 이용해 힘을 한데 모으고 그것을 자신의 지배에 도전하는 사람들을 겨냥해 휘두를 수 있다.

노동자들도 힘을 한데 모으고 그것을 국가에 맞서 집중시킬 나름의 무기가 필요하다. 트로츠키는 당과 노동계급 사이의 관계를 피스톤과 증기의 관계에 빗댔다. 피스톤은 동력이 되는 증기 없이는 쓸모없다. 그러나 피스톤이 없으면 증기도 아무런 효과를 내지 못하고 낭비될 것이다. 마찬가지로 혁명을 밀고 나가는 것은 계급이다. 노동계급의 창의력, 열정, 힘이야말로 혁명의 추진력이다. 당은 이 분출하는 힘을 집중시키고 운동에 방향을 제공할 수 있다.

그러나 불행히도 혁명 정당은 혁명이 빚어낸 열광 상태 속에서 즉흥적으로 만들어 낼 수 없다. 혁명 정당은 그런 순간이 도래하기 이전에 오랜 투쟁 속에서 당원을 모으고, 시험을 거치고, 훈련받아야 한다. 물론 혁명 정당은 혁명 속에서 성장해야 하지만, 그러자면 당이 이미 자기 주위에서 분출하는 운동들에 영향을 미칠 수 있을 정도로 충분히 크고, 충분히 뿌리내리고, 충분한 경험을 쌓고 있어야 한다.

20세기 역사는 세상을 바꾸려 무한한 용기를 내서 투쟁했지만 결국 지배자들의 폭력에 무릎 꿇고 만 피억압자들의 수많은 패배로 얼룩져 있다. 그 대가는 자본주의라는 야만이 계속되고 커진 것이다. 아무도 사회에 켜켜이 쌓인 분노가 언제 폭발해 다시 한 번 변혁의 가능성이 열릴지 예견하지 못한다. 그러나 그런 순간은 오기 마련이다. 그리고 아무런 경고도 없이 닥칠 것이다. 혁명에서 지배계급이 동원할 힘에 맞설 조직이 없다면 우리는 또다시 패배할 것이다.

우리 국제사회주의경향IST은 그런 조직을 건설하고자 한다. 우리는 가만히 앉아서 혁명을 기다리지 않는다. 눈앞의 모든 투쟁에 개입해 착취, 인종차별, 성차별, 동성애 혐오, 전쟁, 기후변화 같은 문제들을 그 근본 원인(자본주의)과 연결시키고자 분투한다. 사람들이 체제를 이해하도록 돕고 어떻게 체제에 맞설 수 있는지 설득하려 분투한다. 우리가 바라는 변혁은 수많은 사람이 참여하는 어마어마한 집단적 도약이다. 그러나 그 도약은 바로 여러분의 작은 한 걸음에서 시작한다. 우리와 함께하자.

———

* 국제사회주의경향International Socialist Tendency 좌파의 대다수가 소련을 사회주의로 여기던 냉전 시기에 팔레스타인 출신의 영국 트로츠키주의자 토니 클리프가 "미국도 소련도 대안이 아니다" 하고 주장하며 건설했다. 영국, 독일, 그리스, 터키, 남아공, 이집트 등 30여 나라에 자매 단체가 있다. 한국의 자매 단체는 노동자연대 (http://workerssolidarity.org)다.

더 읽을거리

온라인으로 읽을 수 있는 책과 글은 다른 언급이 없는 한 모두 '마르크시스트 인터넷 아카이브'(www. marxists.org)에 서 찾을 수 있다.

사회주의 사상과 사회주의노동자당을 다룬 기본 도서

이 짧은 책에서 다룬 기본 사상들은 마르크스주의에 대한 우리의 이해에 기초한다. 마르크스주의의 기본 사상을 더 상세히 알고 싶은 사람에게 가장 좋은 입문서는 알렉스 캘리니코스의 《칼 맑스의 혁명적 사상》(책갈피, 2007)이다. 마르크스와 엥겔스가 쓴 글들은 www.marxists.org에서 참고할 수 있고, 그들이 함께 쓴 《공산당 선언》[국역은 여러 판본이 있다]부터 읽는

게 가장 좋다. 엥겔스의 《공상에서 과학으로: 사회주의의 발전》(범우사, 2006)도 훌륭한 입문서다.

사회주의노동자당에 대해 더 알아보고 싶은 사람이라면 단체 창립자인 토니 클리프가 쓴 《트로츠키 사후의 트로츠키주의》(책갈피, 2010)를 읽어 볼 것을 추천한다. 단체의 사상적 기원을 다룬 클리프의 글들을 모아 작은 책으로 소개하고 있다. 당의 역사를 이해하는 데는 클리프의 자서전인 《쟁취할 세계A World to Win》(Bookmarks, 2000)도 흥미롭게 읽어 볼 만하다.

이 책을 쓰는 동안 사회주의 사상을 다룬 옛 입문서들에서도 많은 자극과 도움을 받았다. 물론 그 책들에 담긴 설명과 사례 일부가 시대에 뒤지긴 하지만 유용한 지식을 많이 담고 있다. 존 몰리뉴의 《고전 마르크스주의 전통은 무엇인가?》(책갈피, 2005)와 폴 풋의 고전 《사회주의자가 돼야 할 이유Why You Should be a Socialist》(Bookmarks, 1995)가 바로 그런 책들이다.

'리지스턴스 MP3'(www.resistancemp3.org.uk)에서 관련 주제를 폭넓게 다룬 강연 녹음을 매우 많이 제공한다.

크리스 하먼의 《민중의 세계사》(책갈피, 2004)는 인류 역사 전체를 마르크스주의 관점으로 서술한 훌륭한 책이다. 우리가 주장을 뒷받침하려 든 많은 사례들을 이 책에서 훨씬 상세히 다루고 있다.

1장 자본의 야만성

최근 자본주의와 경제 위기를 다룬 책들이 엄청나게 쏟아졌다. 조셉 추나라의 책 《마르크스, 자본주의의 비밀을 밝히다》(책갈피, 2010)는 마르크스의 이론을 간략히 소개한 입문서다. 이 주제를 더 폭넓고 철저히 다룬 책은 크리스 하먼의 《좀비 자본주의: 세계경제 위기와 마르크스주의》(책갈피, 2012)다. 벤 파인과 알프레두 사드필류의 《마르크스의 자본론》(책갈피, 2006)도 좋은 안내서다. 데이비드 하비의 《자본이라는 수수께끼》(창비, 2012)는 2008년 시작된 경제 위기를 통찰력 있게 다룬 연구서다.

이 책에서 간략히 다룬 제국주의론을 더 깊이 이해하고 싶은 사람은 더 심화된 논의를 담은 알렉스 캘리니코스의 《제국주의와 국제 정치경제》(책갈피, 2011)를 읽어 보라. 이해하기 쉬운 짧은 글을 원한다면 《크리스 하먼의 새로운 제국주의론》(책갈피, 2009)

을 읽어 보는 게 좋다.

짤막하게 언급만 하고 지나간 또 다른 주제는 기후 변화 문제다. 조너선 닐의 《기후변화와 자본주의》(책갈피, 2011)가 입문서로 좋다. 마틴 엠슨이 쓴 소책자 《마르크스와 반자본주의 생태학》(노동자연대, 2013)은 마르크스주의자들이 환경문제에 매우 깊은 관심이 있음을 보여 준다. 폴 먹가의 《녹색은 적색이다: 지구온난화, 유전자 변형 농산물 그리고 마르크스주의》(책갈피, 2007)도 마르크스주의와 환경 운동 사이의 관계를 잘 설명한다.

2장 계급 문제

계급 문제를 다룬 글로는 《세계화와 노동계급》(책갈피, 2010)에 실린 크리스 하먼의 "세계의 노동계급"과 《노동자 계급에게 안녕을 말할 때인가》(책갈피, 2001)에 실린 알렉스 캘리니코스의 "'신중간 계급'과 사회주의 정치"를 참고하라.

3장 억압받는 사람들의 호민관

해나 디의 새 책 《무지개 속 적색: 성소수자 해방과

사회변혁》(책갈피, 2014)이 성소수자의 억압과 투쟁을 다룬다.

프리드리히 엥겔스는 《가족, 사유재산, 국가의 기원》(두레, 2012)에서 여성 억압과 계급사회의 탄생을 선구적으로 분석했다.

성차별 문제와 그것이 현재 어떻게 나타나는지를 짤막하게 소개한 것으로는 주디스 오어의 《여성차별과 자본주의》(노동자연대, 2008)가 있다. 주디스 오어가 최근 《인터내셔널 소셜리즘》에 기고한 "오늘날 마르크스주의와 페미니즘Marxism and Feminism today"(www.isj.org.uk/?id=656)도 참고할 만하다.

인종차별 문제는 《현대자본주의와 민족문제》(갈무리, 1994)에 실린 알렉스 캘리니코스의 글 "인종과 계급"이 짧지만 훌륭한 설명을 제공한다. 로빈 블랙번이 대서양 노예무역의 기원과 철폐를 다룬 책을 여러 권 썼다. 《신대륙 노예제의 형성The Making of New World Slavery》(Verso, 1998)과 《식민지 노예제의 철폐The Overthrow of Colonial Slavery》(Verso, 1988)가 특히 읽어 볼 만하다. 피터 프라이어의 《인내력Staying Power》(Pluto, 1984)은 영국 흑인의 역사를 다룬 고전이다.

4장 노동당의 의회주의

노동당을 가장 종합적으로 심도 깊게 다룬 책은 토니 클리프와 도니 글룩스타인의 《마르크스주의에서 본 영국 노동당의 역사》(책갈피, 2008)다. 랠프 밀리밴드(현 노동당 당수의 아버지다!)의 《의회 사회주의: 노동당 정치 연구Parliamentary Socialism: A Study in the Politics of Labour》(Merlin, 2009)도 읽어 볼 만하다.

로자 룩셈부르크는 서로 경쟁하는 사회주의 전통들을 다룬 뛰어난 책 《사회 개혁이냐 혁명이냐》(책세상, 2002)를 썼다. 헬 드레이퍼의 고전 《사회주의의 두 가지 전통》(노동자연대, 2014)도 꼭 읽어 볼 것을 권한다.

5장 투쟁의 학교

노동조합에 대한 우리의 분석은 토니 클리프와 도니 글룩스타인이 쓴 《마르크스주의와 노동조합 투쟁》(책갈피, 2014)에 크게 빚졌다. 이 장 끄트머리에 인용한 로자 룩셈부르크의 《대중파업》은 경제투쟁과 정치투쟁 사이의 관계를 간결히 설명한다. 온라인에서 볼 수 있다.

6장 단결이야말로 우리의 힘이다

공동전선 문제를 다룬 트로츠키의 글들은 www. marxists.org/archive/trotsky에서 찾을 수 있다. 특히 "파시즘에 맞서 노동자 공동전선을 건설하자"와 "다음에는 무엇을 해야 하는가?: 독일 노동계급에게 제기된 사활적 문제" 두 글은 꼭 읽어 봐야 한다[국역:《트로츠키의 반파시즘 투쟁》(풀무질, 2001)에 2장과 3장으로 실렸다].

7장 "그런 일은 결코 일어나지 않을 거야 …"

의식이 바뀌는 과정을 다룬 우리의 설명은 안토니오 그람시의 《옥중수고 1, 2》(거름, 2006)에 실린 글들에 근거한다. 그람시 사상을 간결하게 소개한 것으로는 그람시를 특집으로 다룬 《인터내셔널 소셜리즘》 114호(www.isj.org.uk/?s=content&issue=114)의 글들이 있다.

마르크스의 초기 저작은 자본주의 발전이 인류에게 어떤 영향을 끼치는지를 밝히려 한 야심찬 시도들이었다. 자본주의는 인간을 '소외'시키고, 인간이 자기 노동의 산물이나 노동과정과 맺는 관계, 그리고 자기 주변 사람들과 맺는 관계를 왜곡한다. 의식이 바뀌는 과정을 이해하자면 이런 소외 과정과 노동자들이 투쟁을 거쳐 소외를 극복할 능력이 있다는 것을 이해하는 것이 중요하다. 소외를 다룬 마르크스의 가장 중요한 저작은 《경제학-철학 수고》(이론과 실천, 2006)다.

8장 왜 혁명인가

이 장에서 다룬 개념들을 가장 간결하고 훌륭하게 소개한 책은 크리스 하먼의 《21세기 혁명》(책갈피, 2011)이다. 1871년 파리코뮌에 대한 마르크스의 설명은 《프랑스 내전》(박종철출판사, 2003)에서 찾을 수 있다. 레닌의 고전 《국가와 혁명》(아고라, 2013)도 읽어 볼 것을 권한다.

9장 스탈린의 사회주의 왜곡

1917년 혁명의 주도자 가운데 한 사람인 트로츠키가 쓴 《레온 트로츠키의 러시아 혁명사 상, 중, 하》(풀무질, 2003~04)는 러시아 혁명에 대한 최고의 기록이다. 그가 러시아 혁명을 좀 더 간결하게 설명한 《10월의 교훈Lessons of October》도 마찬가지다. 이 글은 온라인에서 구할 수 있다. 토니 클리프가 쓴 《소련은 과연 사회주의였는가?》(책갈피, 2011)는 혁명의 패배 뒤에 자라난 사회에 대해 명쾌히 분석한 고전이다. 크리스 하먼의 글 "혁명은 어떻게 패배했는가How the Revolution was Lost"는 스탈린의 집권 과정을 잘 설명한다. 이글은 온라인에서 찾을 수 있다. 제1차세계대전 뒤 유럽을 휩쓴 혁명들 가운데 절정의 순간이었던 독일 혁명을 훌륭히 다룬 책으로는 피에르 브루에의 《독일 혁명 1917~1923The German Revolution 1917~1923》(Merlin, 2006)과 크리스 하먼의 《패배한 혁명: 1918~1923년 독일》(풀무질, 2007)이 있다.

10장 사회주의와 인간 본성

이 장에서 다룬 문제들은 존 몰리뉴가 소책자 《미래 사회주의 사회The Future Socialist Society》(Bookmarks, 1997)에서 훌륭히 설명한다.

인간 본성을 얘기하는 주장들은 대개 유전학에서 근거를 찾는다. 마르크스주의 과학자들이 쓴 《우리 유전자 안에 없다: 생물학·이념·인간의 본성》(한울아카데미, 2009)은 이런 사상을 완전히 뒤집는 비판을 가한다. 존 리드와 조지 오웰이 혁명을 직접 체험하고 남긴 기록인 《세계를 뒤흔든 열흘》(책갈피, 2005)과 《카탈로니아 찬가》(민음사, 2001)는 꼭 읽어 보길 바란다.

알렉스 캘리니코스는 《반자본주의 선언》(책갈피, 2003)에서 사회주의적 계획과 직접민주주의 같은 미래 대안 사회의 여러 측면에 관해 반자본주의 운동 안에서 제기되는 쟁점을 정리하고 자신의 주장을 펼친다.

11장 지도자들의 정당

혁명 정당을 다룬 핵심 저작 두 가지는 토니 클리프의 《레닌 평전 1: 당 건설을 향해》(책갈피, 2010)와 《당과 계급: 노동계급에게는 어떤 정치조직이 필요한가?》(책갈피, 2012)에 실린 크리스 하먼의 글 "당과 계급"이다.